Die kleine sächsische Köchin

Ein Kochbuch aus der Biedermeierzeit

Ausgewählt und zusammengestellt
von Ralf Lehmann
Mit einem Nachwort von Herbert Pilz

Verlag für die Frau

© Verlag für die Frau, DDR Leipzig 1987

ISBN 3-7304-0101-7

Die kleine

Sächsische Köchin

oder:

Die auf 15jährige Erfahrungen begründete

Kochkunst

im bürgerlichen Hausstande, in welchem man

ohne großen Kostenaufwand

die verschiedenartigsten Speisen äußerst nahr-
haft und schmackhaft herstellen kann.

Allen Frauen und Mädchen gewidmet

von

Henriette Saalbach.

Dritte, verbesserte und vermehrte Auflage.

Mit einer Abbildung.

Dresden, 1854.

Verlag von Woldemar Türk.

Saalbach, Henriette:
Die kleine sächsische Köchin/Henriette Saalbach.
[Ill. von Dagmar Schulze]. Ausgew. u. zsgest.
von Ralf Lehmann. – 1. Aufl./
mit e. Nachw. von Herbert Pilz. –
Leipzig : Verlag für die Frau, 1987. – 112 S. : Ill. (farb.)
ISBN 3-7304-0101-7
NE: Lehmann, Ralf Hrsg. ; HST

Das Original der »Kleinen sächsischen Köchin«,
3. Auflage von 1854, befindet sich im Besitz des Museums
für Geschichte der Stadt Leipzig, das Original
von »August Erdmann Lehmann's Großes Kochbuch«
im Besitz von Herbert Pilz. Wir danken
den Leihgebern für die freundliche Unterstützung.

Schutzumschlag und Einband Dagmar Schulze/Günter Jacobi
Illustrationen Dagmar Schulze

1. Auflage 1987
Typographie: Günter Jacobi
Satz, Druck und buchbinderische Verarbeitung:
Offizin Andersen Nexö, Graphischer Großbetrieb
Leipzig – III/18/38
Druckgenehmigungsnummer: 126/405/18/87
Printed in the German Democratic Republic
LSV 9229
Bestellnummer 6732362
01280

Inhaltsverzeichnis

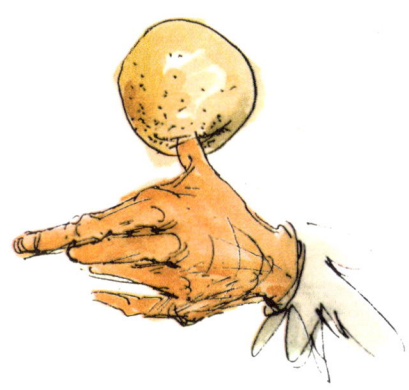

Nothwendige Küchenregeln

1. Die ersten und wichtigsten Eigenschaften, welche man in einer Küche zu beobachten hat, sind:
Ordnungsliebe, Pünktlichkeit und *Reinlichkeit.* Eine Köchin, welche diese Eigenschaften in sich vereinigt, kann dann sicher auf eine gute Behandlung rechnen.

2. Kochgeschirre von Kupfer und Eisen müssen gleich nach jedem Gebrauch *gereinigt* und *getrocknet* werden; es dürfen durchaus keine Speisen darin gekocht werden, welche Säure enthalten, weil diese den giftigen Grünspan leicht entwickeln, vorzüglich dann, wenn die Speisen darin stehen bleiben.

3. Irdene Gefäße sind allen andern vorzuziehen, weil die Speisen darin den *reinsten* Geschmack behalten.

4. Zur Aufbewahrung der Speisen sind Gefäße von Steingut, Porzellan oder Glas am besten zu empfehlen.

5. Aus einer finstern Küche genießt man viel Unreines.

Vom Maaß und Gewicht

Eine Dresdner Kanne hält 2 Pfund, demnach hat

1/2 Kanne	1 Pfund,
1/4 Kanne	16 Loth,
1/8 Kanne	8 Loth.

Eine gewöhnliche Weinflasche hält fast immer nur 7/8 Kanne, d. h. es fehlt der 8te Theil oder eine Obertasse voll.

Ein Maaß oder Quart ist einer Dresdner Kanne ziemlich gleich. Es ist dieses ein preußisches und schlesisches Maaß.

Die halbe Kanne nennt man auch Nösel, Seidel, Quartier, Stof; die Viertelkanne halbe Seidel, halbe Stofe, Quartierchen.

Eine Obertasse trocknes Gemüse ist ungefähr 1/4 Pfund.

Beim Abwiegen muß man ganz genau die Waage in Richtigkeit haben, weil aber in vielen Küchen weder Waage noch Gewicht zu finden ist, und viele nicht einmal verstehen, damit umzugehen, so habe ich ein anderes Maaß berechnet und angenommen, nämlich den *Eßlöffel.* Ein Eßlöffel, weder gehäuft noch gestrichen, nur so viel als man eben damit nehmen kann, ist ungefähr ein Loth, sei es Mehl, Zucker, geriebene Semmel oder dergleichen. Freilich wohl ist das Gewichtloth richtiger, doch ist diese meine Angabe wenigstens ein Anhalten.

1. Suppen

Es ist hier bei allen Suppen auf 1 Dresdner Kanne berechnet, doch kann es auch etwas mehr oder weniger, dicker oder dünner sein.

Aepfelsuppe

Man nimmt 5 bis 6 Aepfel von guter Art, schält und schneidet sie in Stückchen und nimmt die Kerne heraus, läßt sie im Wasser weich kochen und schlägt sie dann durch einen etwas weiten Durchschlag. Ferner thut man ein wenig geriebene Semmel oder Zwieback, Zucker und Zimmet daran und läßt sie wieder aufkochen. Auch wird, wenn die Aepfel etwas säuerlichen Geschmack haben, ein wenig Wein oder Citronensaft daran gethan.

Kürbissuppe

Der Kürbis wird in Streifen geschnitten, die Schalen und das Faserige inwendig weggethan, in Wasser oder Milch weich gekocht, dann durchgestrichen und mit Butter, Salz, Zimmet und Zucker über geschnittenen Semmelscheibchen angerichtet.

Biermüßchen

1 Kanne Bier mit einem Stückchen ganzen Zimmet läßt man kochen, nebst 1/2 Kanne Milch, jedes einzeln, quirlt 2 Eier und 1 Löffel gutes Mehl in ein wenig Wasser oder Milch und zieht die Eier mit der kochenden Milch ab. Nun thut man Alles zusammen in einen Topf, läßt es unter beständigem Quirlen ein wenig am Feuer anziehen, thut Butter, Salz, klaren Zimmet und Zucker hinein und richtet sie über würflich geschnittener Semmel an.

Sago-Suppe

Eine Obertasse voll Sago wird zwei Mal abgewaschen, dieser in einen 2-Kannen-Topf gethan, mit heißer Fleischbrühe oder mit brauner Brühe so lange kochen lassen, bis alle Körner gläsern sind, und richtet ihn dann ohne Weiteres an. Auch kann man ihn mit rothem Wein kochen und mit Zucker und Zimmet anrichten.

Kartoffelsuppe

Man schält und schneidet 8 bis 10 rohe Kartoffeln von mittlerer Größe in kleine Stückchen und kocht sie in Fleischbrühe weich, unterdessen röstet man einige Löffel Mehl in Butter braun, thut dieses zu den Kartoffeln und läßt noch Alles aufkochen.

Kartoffelsuppe auf andere Art

Sechs bis acht rohe Kartoffeln werden geschält, in Stückchen geschnitten, mit Sellerie, Zwiebeln und Salz kochen gelassen, gut gequirlt, mit 1 oder 2 Eiern abgezogen, Butter und Pfeffer nach Belieben daran gethan; auch kann man Schöpsenfett verwenden.

Suppe von Erdäpfelnocken

Man rührt 4 Loth oder 1 Ei groß Butter mit 2 Eiern und 2 Dottern ab, 16 Loth oder 8 Löffel gekochte und geriebne Erdäpfel, nebst Salz, 1 Loth oder ein Löffel Mehl, Muskate dazu eine Probe davon; von dieser Masse kleine Nocken oder Klößchen gemacht, in die kochende Brühe gethan und 3 Minuten kochen lassen, auch mit Kräutern.

Zwiebelsuppe mit Schwarzbrot

Schneidet 8 Stück Zwiebeln mitten durch, und legt sie nach dem Wuchs, daß sie, geschnitten, in lauter Nudeln zerfallen; macht 10 Loth oder 2 Ei groß Butter braun, röstet die Zwiebeln bräunlich, dann in die Suppe gethan und läßt sie 1/2 Stunde kochen, und richtet die Suppe mit geröstetem Brot an.

Buttermilchsuppe

Die Buttermilch muß man unter beständigem Quirlen kochen lassen. Nun quirlt man 2 Eier und 2 Eßlöffel Mehl in kalter Sahne ab, gießt es dann unter beständigem Umrühren zur kochenden Buttermilch und richtet sie über Semmel oder Brot an, welches in Würfel oder Scheiben geschnitten wird.

Eingebrannte Mehlsuppe

Man nimmt 1 Kanne Wasser oder Fleischbrühe, bräunt in Fett oder Butter 2 Löffel Mehl mit etwas Zwiebel und thut es alsdann mit Salz zu dem Kochenden. Nun läßt man es noch ein wenig aufkochen und richtet sie über Semmel oder Brot an, welches in Scheiben geschnitten wird.

Suppe von Mehlfleckchen

Ist ein Nudelteig dünn ausgerollt, mit einem Rädchen in kleine viereckige Stückchen geschnitten, und in Brühe 1/4 Stunden gekocht. Oder die Mehlfleckchen oder Nudeln in Butter-Schmalz ausgebacken und so trocken auf dem Teller zu klarer oder legirter Suppe gegeben.

Gräupchensuppe

5 Loth feine Gräupchen werden in kaltem Wasser abgeschleimt, man läßt sie alsdann in kochendem Wasser ausquellen und gießt dann Fleischbrühe zu, etwas Wein oder Citronensaft mit hinein. Dieses wird zusammen noch einmal aufgekocht und mit geriebener Muskate angerichtet.

Ebenso verfährt man bei der

Reissuppe

nur daß man hier ganz gute Brühe nimmt und den Wein oder Citronensaft wegläßt.

Erbsensuppe

Die Erbsen werden in Wasser weich gekocht, durch einen Durchschlag gestrichen, Butter, Salz und ein wenig Petersilie hinein gethan. Alles zusammen wieder aufkochen gelassen und über in Butter gerösteter Semmel angerichtet. Auch kann man gekochte Erbsen, welche übrig geblieben sind, dazu verwenden.

Fadennudelsuppe

Sobald 1 Kanne Fleischbrühe kocht, werden 4 Loth trockene Fadennudeln, welche man erst einmal auseinanderbricht, langsam unter beständigem Heben mit dem Quirl hineinfallen gelassen; – vergißt man, dieses zu beobachten, so werden sie klosig, – alsdann läßt man sie noch eine kleine Viertelstunde quellen und richtet sie mit geriebener Muskate an.

Eiersuppe

Man reibt für 2 Pf. harte Semmel, quirlt 2 Eier, etwas Butter und wenig Muskate, rührt alsdann die Semmel und das Gequirlte gut unter einander und gießt es langsam zu 1 Kanne kochender Fleischbrühe und richtet sie an.

Kerbelsuppe

Der Kerbel wird rein gelesen, gewaschen, gewiegt und mit etwas Butter und Salz in kochendes Wasser gethan, man läßt ihn eine Viertelstunde kochen, quirlt ihn mit 2 Eiern und etwas Mehl ab und richtet die Suppe über in Butter gerösteten Semmelscheibchen an. Auf gleiche Weise bereitet man auch *Selleriesuppe, Petersiliensuppe, Brunnenkressensuppe*.

Feine Gräupchensuppe

8 Loth Butter in einem Casserol auf's Feuer; wenn sie steigt,
1 Pfund oder 1 Obertasse gewaschene Gräupchen hinein und
rührt sie nur ein wenig weiß, gießt etwas Wasser darauf, dann
in den Topf gethan und mit 2 Kannen Bouillon oder Wasser
voll gegossen, 2 Stunden kochen; auch mit Eidottern abgezogen, mit Rohm und Butter abgeschmeckt, auch 1/2 Citronenschale mitgekocht. Man muß sie in Acht nehmen, daß sie nicht
braun werden (dadurch, daß sie erst in Butter auf dem Feuer
gerührt, werden sie weiß, auch weicher und verhindern das
Ueberlaufen); auch Sellerie und Borreizwiebeln mitkochen,
Morcheln und kleine Semmelklößchen dazu anrichten und mit
Krebsbutter begießen; oder mit Sardellenbutter und viel Citronensaft; auch mit Tomaten- (Liebesäpfel-) Mus abschmecken.
(Wer die Gräupchen sehr weich haben will, muß sie den Tag
vorher ankochen.)

Griessuppe

Man nimmt 3 Eßlöffel Gries, quirlt ihn in einer Kanne kochender Fleischbrühe und läßt ihn eine Stunde kochen. Ist es Kalb-
oder Hammelfleischbrühe, so muß man etwas Butter daran
thun und solche mit kochen lassen; man richtet sie mit geriebener Muskate an.

Hollunder- oder Schibeckenbeersuppe

Der reife Hollunder wird abgebeert, gewaschen, in einen Topf
gethan, mit Wasser voll gefüllt und eine Stunde kochen gelassen, dann zerquirlt, durch einen Durchschlag gestrichen und
wieder in den Topf gethan und mit Wein oder Wasser voll gegossen. Wenn es dann wieder kocht, mit Kartoffelmehl abge-

zogen und Zucker, Butter, Zimmet und Salz hinein gethan und über in Butter gerösteten Semmelscheibchen angerichtet.

Hagebuttensuppe

1 Nösel Hagebutten wird mit 3 Nösel Wasser, etwas Citronenschale, ganzem Zimmet und 2 Nelken weich gekocht, alsdann durchgeschlagen, gezuckert, mit Citronensaft, auch Wein, über Zwieback angerichtet.

Milchsuppe

Man setzt 1 Kanne Milch über das Feuer; wenn sie kocht, quirlt man sie mit 2 Eiern und ein wenig Mehl und Salz ab und richtet sie über geschnittenen Semmelscheibchen an.

Chocoladensuppe mit Milch

Hierzu nimmt man 1 Kanne Milch und 8 Loth Kakao und läßt es zusammen ein wenig kochen, alsdann werden 2 Eierdotter und 1 Messerspitze Kartoffelmehl in Milch gequirlt und dieses zum kochenden Kakao unter beständigem Quirlen gegossen. Man richtet sie mit ein wenig Zwieback an; auch wird Zucker und Zimmet nach Belieben dazu gethan.

Suppe von schwarzem Brote

Man schneidet von einem schwarzen Brote einige runde Stükken ab und röstet sie über Kohlen oder im Ofen gelblich braun, erkaltet werden solche in kleine Stückchen zerbrochen, nebst einem kleinen Stück Zimmet und etwas Citronenschale in einen Topf gethan, kaltes Wasser darüber gegossen und weich gekocht. Ist dieses geschehen, so reibt man es durch einen Durchschlag, thut kleine Rosinen, Zucker, Citronenscheiben und nach Belieben weißen Wein hinzu, und läßt die Suppe verdeckt bis zum Sämigwerden kochen.

Suppe von frischen neuen Morcheln

1 Mäßchen neue gereinigte Morcheln klein geschnitten, in ein Casserol nebst 6 Loth oder 1 Ei groß Butter auf's Feuer gesetzt und zusammenfallen lassen, in den Topf mit 2 Kannen Bouillon gethan und so 1/4 Stunde kochen lassen, mit Eiern und Petersilie abgezogen, und mit Muskate und Krebsbutter über gerösteter Semmel angerichtet. So auch in Wasser, dann mehr Butter. Die frischen Morcheln müssen mit kochendem Wasser gebrüht werden, daß sie biegsam werden, sonst brechen sie beim Waschen entzwei, die sandigen Stiele erst abgeschnitten. Die getrockneten Morcheln hingegen werden in Wasser 1 Stunde gekocht (das Wasser davon wird auch gebraucht), einigemal durchschnitten und vielmal gewaschen, daß der Sand abgeht, rein ausgedrückt, in Butter geschmort und verbraucht (NB. In der Butter kann man die Morcheln einige Zeit aufbewahren.)

Suppe mit Eierstand

4 Eier werden in einer halben Kanne kalter Brühe oder Rahm zerquirlt, Salz und Muskate dazu gethan, in ein Töpfchen gegossen, dies in einen Topf kochendes Wasser gesetzt, und so fest werden lassen. Wenn es steif und verkühlt ist, wird es mit einem Löffel stückweise in die Terrine gelegt und die kochende Brühe darauf gegossen.

Die Brühe kann mit Wurzeln und Kräutern, als: Sellerie, Kerbel, Spinat und Portulak, aufkochen.

2. Verschiedene Arten Muß

Kartoffelmuß

Man setzt rein geschälte oder geschabte und in Stückchen geschnittene Kartoffeln mit Wasser an's Feuer, kocht sie ganz weich, rührt und zerquirlt sie dann, bis ein förmlicher Brei daraus geworden ist, und salzt sie während dieses Rührens. Manche geben nur braune Butter, Andere in Speck oder Butter geröstete Zwiebeln darauf. Man kann sie auch durchstreichen und mit Milch verdünnen.

Aepfelmuß

Die Aepfel werden geschält, bis auf den Kröbs in Stückchen zerschnitten und mit etwas Wasser zugesetzt, das aber nicht bis über die Aepfel gehen darf. Sobald sie weich sind, werden sie mit einem halben Löffel Mehl recht klar gequirlt und beim Anrichten mit Zucker und Zimmet bestreut. Man trägt sie kalt auf. Sie können auch mit Butter und etwas Semmel gedämpft und Wein und Citronensaft daran gethan werden, auch kann man nach dem Durchreiben kleine Rosinen daran thun.

Pflaumenmuß

Man wäscht frische oder trockene Pflaumen, setzt sie mit halb Wasser und halb Wein zum Feuer und läßt sie kochen. Sobald sie weich gekocht sind, treibt man sie durch einen Durchschlag, thut alsdann das durchgetriebene Muß wieder in die Casserole mit etwas Zucker, Zimmet und einem Stückchen Citronenschale und läßt es noch ein wenig kochen.

Kirschmuß

Man setzt die Kirschen mit Wasser, Zucker, Zimmet und Citrone zum Feuer und läßt sie kochen. Wenn sie gut gekocht sind, treibt man sie durch einen Durchschlag und bei'm Auftragen bestreut man sie mit Zucker und Zimmet. Auch kann man während des Kochens etwas Wein daran thun.

Griesmuß

Der Gries wird sogleich in die kochende Milch gequirlt und man verfährt dann auf dieselbe Weise wie mit dem Reismuß.

Reismuß

Man nimmt ein halbes Pfund Reis, quirlt ihn einige Male in kochendem Wasser ab und setzt ihn dann mit 1 1/2 Kanne Milch an's Feuer und läßt ihn unter beständigem Rühren mit ein wenig Salz gar kochen. Bei'm Anrichten begießt man das Muß mit brauner Butter und streut Zucker und Zimmet darüber.

Milchmuß mit Mehl

In 2 Kannen gute Milch quirlt man, wenn sie kocht, 5–6 Löffel weißes Mehl, doch nur nach und nach, damit es nicht klumpig wird. Nun läßt man den Topf nur noch ein klein wenig auf der heißen Stelle stehen, aber ja nicht aufkochen, sonst wird es schlierig. Bei'm Anrichten thut man braune Butter darüber.

Wassermuß

wird wie der Milchmuß behandelt. Sobald das Wasser kocht, quirlt man das Mehl hinein, schneidet ein Paar Zwiebeln würflich, bratet sie in Butter oder Speck und streut sie über das zuvor gesalzene Muß.

Kürbismuß

Der Kürbis wird geschält, in Stücke geschnitten, die Kernmasse herausgenommen, und, nachdem er im Wasser mit etwas Salz weich gekocht ist, wird das Wasser wieder rein ab- und kochende Milch dazu gegossen. Wenn er in dieser nun eine Weile gekocht hat, so wird er klar gerührt, mit 2 Eiern und einem halben Löffel Mehl abgequirlt und kurz vor dem Anrichten noch geriebene und in Butter geschmorte Semmel darunter gerührt, geriebene Muskatnuß noch hinzu gethan.

3. Brühen und Saucen

Braune Brühe

Eine Brotrinde wird ganz fein gerieben, 1 Eßlöffel Mehl darunter gemengt, in Fett oder Butter braun geschmort, alsdann wird Fleischbrühe dazu gegossen und ein wenig kochen gelassen. Nun wird etwas Wein, der Saft einer Citrone und ein Stückchen Zucker hinein gethan und noch ein wenig anziehen gelassen. Beim Anrichten rührt man ein Paar gestoßene Nelken und Kardamonen dazu.

Weil es eine sehr herzhafte und wohlschmeckende Brühe ist, kann man sie zu zahmem und wildem Fleische geben.

Braune Brühe oder Jus zu machen

Man nimmt ein kupfernes, flaches, verzinntes Casserol, wo 4 bis 5 Kannen Flüssigkeit hineingehen, dann 1/4 Pfund Speck oder Nierenstollen in dünne Scheiben, belegt den Boden des Casserols damit, auch 1/4 Pfund derben rohen Schinken, 2 Zwiebeln, 2 bis 4 Pfund derbes, rohes Rindfleisch vom Halse oder Schenkeln auch in Scheiben, 1 Lorbeerblatt, 1 Möhre, 1 Wurzel und 1/2 Stück Sellerie und Abgang von Schöps- oder Kalbfleisch; auch 1/4 Pfund rohe Rindsleber oder Herz giebt einen eignen guten Geschmack; so däß das Casserol von Obigem halb voll ist; gießt 1/2 Kanne Wasser darauf, zugedeckt, auf Kohlen oder in eine heiße Röhre gesetzt und so dünsten lassen, ohne es umzurühren; wenn es 1/2 Stunde auf dem Feuer gestanden hat, und scharf zu braten anfängt, und das zugegossene Wasser und der Saft von dem Fleische sich an den Boden des Casserols braun angesetzt hat, und wie braun gebraten aussieht, so nimmt man es vom Feuer und gießt in einigen Minuten 1/2 Kanne kaltes Wasser darauf, alsdann gießt man es mit vielleicht übriger Brühe oder mit heißem Wasser voll, so viel als man Jus haben will, läßt es an- und aufkochen ohne zuzudecken, dann wird es schön braun und helle wie Bier aussehen, läßt es in dem Casserol von der Seite auf dem halben Feuer 1 Stunde langsam auskochen; noch besser ist es, wenn alles zusammen in einen Topf kommt (weil man das Casserol zu etwas anderm gebrauchen kann), läßt es sehr langsam kochen, denn wenn es stark kocht, wird die Jus trübe (sie muß wie klarer Wein aussehen), auch noch einige Stücke rohes Kalbfleisch dazu thun, wie auch trockne Pilze, etwas Kerbel, Borreizwiebel, einige Scheibchen Meerrettich, wie auch Ingwer und Gewürze; auch wohl noch eine rohe schlechte alte Henne und Rebhühner, nimmt das Fett nicht eher ab, bis es nicht mehr kochen darf; wenn dieß geschehen ist, dann gießt man es durch ein Sieb oder leinenes Tuch in ein Gefäß und verbraucht diese Jus zur Suppe nach Vorschrift.

Mit einem töpfernen Casserol und in einer Bratröhre kann

man sie sehr gut machen, es geht etwas langsam, aber besser. Anstatt des Specks und der Nierenstollen kann Bratenfett oder auch sogar Butter genommen werden, oder auch das Fett, das am rohen Schinken, je mehr Fett desto besser, es wird nicht so leicht brändrig; das Rindfleisch sei vom Halse oder von den Beinen, was man als Zulage bekommt, kann dazu verwendet werden, nur nichts vom Kopfe. Weil man Fleiß und Aufmerksamkeit darauf verwenden muß, kann man sich diese Jus Tages vorher machen. Je mehr derbes Rindfleisch, desto kräftiger die Suppe, und wenn man sie den Tag vorher gemacht hat, muß das Fett rein abgenommen werden, damit sie auskühlen kann und sämtliches Wurzelwerk erst denselben Tag, wo man die Suppe braucht, in etwas Brühe apart kochen und dann zu der Brühe und Jus gießen. In diesem töpfernen Casserol kann man es so stehen lassen und dann in einigen Tagen erst auffüllen, auskochen und gebrauchen.

Saure und süße Brühe

Man brennt das Mehl dazu vorzüglich braun und schmort in Fett und Butter eine klein geschnittene Zwiebel, sodann wird die kochende Fleischbrühe dazu gegossen und ganz klar aufgekocht. Alsdann thut man guten Essig, ein wenig Wein, Lorbeerblatt, Pfeffer, Nelken, Neuewürze und Citronenscheibchen dazu, läßt dies so ein wenig kochen und versüßt die Brühe mit Zucker oder Syrup. Man kann sie zu gekochtem Rindfleisch, Zungen u. s. w. geben.

Zwiebelbrühe

Man schäle und schneide einige Zwiebeln in Vierteln und koche sie in Fleischbrühe mit etwas gereinigtem Kümmel gar, dann thut man geriebene Semmel dazu, daß es eine dickliche Brühe wird, und richtet sie über Schöpsenfleisch an.

Petersilienbrühe

Gereinigte und fein gehackte Petersilie wird in Fleischbrühe gekocht, dann wird geriebene Semmel in Butter geröstet und dazu gethan, dicklich einkochen gelassen und zu Rindfleisch gerichtet.

Kümmelbrühe

Man kocht gequetschten Kümmel in Fleischbrühe auf, dann wird geriebene und geröstete Semmel hinzugethan, dieses ein wenig aufkochen gelassen und zu Schöpsenfleisch angerichtet.

Meerrettichbrühe

Rein abgeschabter und geriebener Meerrettich wird mit kochender Fleischbrühe übergossen und gekocht, sodann wird geriebene Semmelkrume dazu gethan und noch ein wenig anziehen gelassen. Auch kann man die Brühe mit einigen Eierdottern abquirlen, wovon sie schön gelb wird. Je länger der Meerrettich kocht, desto mehr verliert er an Schärfe.

Rosinenbrühe

Große und kleine Rosinen werden rein gelesen und gewaschen, in Fleischbrühe oder Wasser gekocht. Alsdann wird Mehl in Butter oder Fett geröstet, etwas Wein, ein wenig Essig, gestoßene Nelken, Citronenscheibchen, Lorbeerblätter, Zucker und geriebener Pfefferkuchen dazu gethan und zusammen gut durchkochen gelassen. Man giebt sie zu Rindfleisch.

Heringsbrühe

Man wässere einen Hering drei Stunden lang, schäle und gräte ihn aus und wiege ihn nebst einer Zwiebel recht fein. Nun wird Mehl in Butter geröstet und mit Brühe verdünnt, alsdann der Hering mit etwas Citronensaft hinzugethan und ein wenig am Feuer anziehen gelassen.

Sardellenbrühe

Man wiege 6–8 Stück Sardellen und 1 Zwiebel ganz klein, nimmt etwas Butter, 4 Eidotter, Mehl, Wein und Fleischbrühe und rührt Alles auf dem Feuer zu einer dicklichen Brühe zusammen, welche man zu Hecht, Kalbfleisch u. s. w. giebt.

Sauce Remolade

Schneidet 8 Chalotten recht fein, und 2 geriebene Zwiebeln, in einen Napf, dann 4 gekochte Dottern zerdrückt, 4 Löffel Provenceröl, 2 Löffel zerschnittene Capern, 3 Löffel Senf und Essig, durcheinander auch durch ein Sieb gestrichen, diese dicklich gelbe Sauce mit etwas Zucker, Pfeffer, Nelken und Salz, so kalt zu Preßkopf, Fischen, vorzüglich zu wildem Schweinskopf und zu allem kalten Braten und Pökelfleisch gegeben.

Die Sauce hält sich 8 Tage und noch länger und kann deshalb viel gemacht werden.

Weinsauce

4 Eier werden mit einer halben Kanne Wein nebst 1 Kaffeelöffel Kartoffelmehl und 7 Loth Zucker in einem Kannentopfe durcheinander gequirlt, dann wird der Topf auf glühende Koh-

len gesetzt und immerfort gequirlt, bis es dick wird. Die Sauce wird zu Mehlspeisen und Pudding gegeben. Auch muß man noch etwas kalten Wein zugießen, wenn die Sauce zu schnell dick wird.

Pflaumenmußbrühe

Man quirlt ein halbes Pfund Pflaumenmuß im Wasser mit etwas Essig, thut ein wenig Butter, Zimmet, Nelken und viel Zucker hinzu und läßt es gut aufkochen.

Himbeersauce

Man drückt die Himbeeren durch ein reines Tuch, kocht sie mit etwas Wasser und Wein, Zucker und Zimmet; wenn es kocht, wird die Sauce mit ein wenig Kartoffelmehl abgezogen und zu Mehlspeisen gegeben. Hat man keine frischen Himbeeren, so nehme man Saft.

Auf die nämliche Art macht man

Johannisbeersauce,

nur erfordert diese etwas mehr Zucker als Himbeersauce.

Chocoladensauce

1/2 Kanne Rahm wird kochend gemacht, dann 1/4 Pfund geriebene Chocolade dazu gethan und wieder ein wenig anziehen lassen. Dann werden 2 Dottern nebst 1 Kaffeelöffel Kartoffelmehl in etwas Milch zerquirlt und die Sauce damit abgezogen. Sollte es von der Chocolade nicht süß genug werden, so kann man noch Zucker dazu thun.

4. Zubereitung des Fleisches

1. Das Rindfleisch

Frisches Rindfleisch zu kochen

Ein derbes Stück Rindfleisch, aus der Keule oder Blume ist es
am besten, so viel als man nöthig hat, wird rein abgewaschen,
mit Wasser und Salz an's Feuer gesetzt und drei bis vier Stunden kochen gelassen. Sobald es anfängt zu kochen, wird sich
ein grauweißer Schaum zeigen, welchen man sogleich und immer nach und nach mit einem Schaumlöffel rein abnimmt, bis

es hell kocht. Soll die Brühe schmackhaft werden, so werden Sellerie-, Möhren-, Pastinack- und Petersilienwurzeln, wie auch Zwiebeln und Pfefferkörner mit dazu gethan. Wenn man von diesem Wurzelwerk das eine oder andere nicht hat, kann es auch wegbleiben, dann kann man auch statt des Wurzelwerkes nur Lorbeerblätter und Pfefferkörner dazu verwenden. Diese Brühe, durch ein Haarsieb gegossen, braucht man zu Suppen oder Gemüse.

Rindsscheiben mit Reis

Uebrig gebliebenes gekochtes Fleisch wird in breite, runde oder viereckige 1/2 Zoll dicke Scheiben geschnitten, einzeln mit Reis, eben so dick als das Fleisch ist und mit Ei glatt bestrichen, mit Semmel und Käse bestreut, in eine mit Butter bestrichne Schüssel oder Bratpfanne gelegt, im Ofen braun werden lassen, mit Butter begossen und mit einer braunen Sardellensauce angerichtet. Ist gar nicht zu verachten.

Rindslende gebraten

Die große Lende, weil man sie klein nicht bekommt, kann man auf mehrere Arten eintheilen. Nämlich, wenn sie gehäutet, so schneidet man sie in 4 Stücken, das dicke Ende

    a. zum Dämpfen und in Essig legen   1/4 Elle lang,
    b. zum Beefsteak . . . . 1/4   ”   ”
    c. zum Braten und gespickt . . . . . 1/4   ”   ”
    d. das Endstück zur Farce . . . . . . 1/4   ”   ”

Sonach wäre diese Lende 1 Elle lang, was drüber, das Abgeschnittene, wird zur Brühe mit verbraucht, auch so ganz und groß auf einmal zu gebrauchen.

Die Lende wird gehäutet und gespickt, in eine Bratpfanne gelegt, nebst Abgang von Speck oder anderm Fett, Zwiebeln, Salz, Lorbeerblatt, Nelken, Citronenschale in einer Röhre 3 1/2 Stunden gebraten; oft begießen, daß sie zuletzt glacirt; mit Erdäpfeln (in dem Satz glacirt) angerichtet, oder mit andern Gemüsen; so ist sie anstatt des Rindfleisches zu nehmen. Aber mit Salat ist sie als Braten zu rechnen. Noch besser ist sie am Spieß gebraten, wer diese Behandlung versteht.

Roulade von Rindfleisch

Man schneidet 4 Pfund rohes Fleisch in 8 Zoll lange und 5 Zoll breite ganz dünne Scheiben, bestreicht sie mit einem kalt Eingerührten von 2 Löffel Mehl, Sardellen, feinen Kräutern, 2 Löffel Semmel, 1 Ei, 1/4 Zoll dick, dann zusammengerollt, umwik-

kelt jedes mit Zwirn, in steigender Butter gebraten, eingemehlt, mit Wasser 1 1/2 Stunde weich gekocht, mit Sauce gegeben.

Sauerbraten

Man lege ein derbes Stück Rindfleisch vier bis fünf Tage in Essig, spicke es mit Speck und lege es in die Bratpfanne, gieße
Essig und Wasser zu und lasse es unter öfterem Begießen
braun braten. Wenn der Braten gewendet wird, kommt ganzer
Pfeffer, Nelken, Lorbeerblätter, Zwiebeln und einige Citronenscheibchen mit dazu. Eine Brotrinde wird mit hinein gelegt,
damit die Brühe dicklich wird.

Sauerbraten auf eine andere Art

Es wird ein derbes Stück Rindfleisch aus der Keule oder Oberschale zwei bis drei Tage in Wasser und Bier gelegt, mit Speck
gespickt, einige Speckscheibchen in die Bratpfanne, das
Fleisch darauf gethan und so eine Stunde bei gelindem Feuer
in Speck dämpfen gelassen. Nun begießt man ihn nach und
nach mit saurer Sahne fleißig, und sobald er gewendet wird,
kommt ganzer Pfeffer, Nelken, Lorbeerblätter, Zwiebeln und
einige Citronenscheibchen mit hinein. Eine Brotrinde oder
Pfefferkuchen wird mit eingelegt, damit die Brühe dicklich
wird. Wer will, kann die Brühe auch durchschlagen.

Rindfleisch in Bier gedämpft

Das viereckige Stück Fleisch, 4 Pfund, wird in einen Topf gelegt, worin guter Speckabgang, 1 Möhre, 2 Zwiebeln und Gewürze ist, gießt den Topf mit Bier voll, sei es Porter- oder bai-
risches Lager-, Doppel- oder demüthiges Braunbier, 1 Ober-

tasse Essig, 1 Obertasse Syrup und Salz, setzt es zugedeckt ans Feuer, läßt es 3 Stunden weich und kurz einkochen, herausgelegt, das Fett davon. Sollte die Sauce nicht dick genug sein, so muß man sie mit Mehl verdicken, dann durchstreichen und dazu geben.

Rindsbraten

Man nehme ein Stück Keule oder Oberschale, poche es tüchtig und wasche es rein ab, spicke es mit Speck und lege es in die Bratpfanne auf eine Bratenleiter. Nun wird Salz, Zwiebeln, Pastinackwurzel, Sellerie, Petersilie und Möhren mit hinein gelegt, kaltes Wasser darauf gegossen und unter fleißigem Begießen langsam braten gelassen, damit der Braten recht mürbe wird. Wenn der Braten gewendet wird, kommen Citronenscheibchen und Lorbeerblätter mit hinein, ist er schön goldbraun, so ist er gut. Eine Brotrinde oder Pfefferkuchen kommt mit hinein, damit die Brühe dicklich wird. Diese wird auch durchgeschlagen.

Rindszunge zu kochen und zu braten

Die Rindszunge muß vier bis fünf Stunden kochen, ehe sie weich wird; ist sie alsdann mit Wasser und Salz abgekocht, so wird die Gurgel los- und die weiße Haut abgezogen. Hierzu paßt am besten Rosinen- oder Sardellenbrühe. Will man sie braten, so wird die abgezogene Zunge in Scheiben geschnitten, in Mehl umgewendet und in Butter braun gebraten.

Kuheuter zu kochen und zu braten

Das Kuheuter wird recht gut ausgewässert, in Wasser mit Salz weich gekocht, in dünne Scheibchen geschnitten und diese werden in Eiern, Salz und Mehl oder geriebener Semmel umgewendet, in Butter gelbbraun gebraten und mit Gemüse angerichtet.

Beefsteak

Man nehme ein schönes Stück Lendenfleisch oder Oberschale, schneide es in dünne Scheibchen wie eine Untertasse groß, hacke oder klopfe es tüchtig und reibe es mit Salz oder Pfeffer gehörig ein, streue fein gewiegte Zwiebel darauf und lasse es schnell in zerlassener Butter braten. Beim Anrichten giebt man gewöhnlich Sauerkraut oder kleine Kartoffeln, braungelb geröstet, mit Senf dazu.

Rindsklops auf eine geschwinde Art

Man schneidet 1 Pfund rohes, derbes Fleisch in dünne Scheiben, schlägt es mit einem Beile so breit, daß es fast auseinander geht und wie zerrissen aussieht, dann schneidet man davon kleine Läppchen, schmelzt 4 Loth oder 1 Ei groß Butter oder Speck, 1 geriebene Zwiebel und Citronensaft, legt das Fleisch in kleine Stückchen hinein, rührt es auf dem Feuer mit dem Löffel um, wie Rühreier, in 2 Minuten ist es schon gut, es darf nur weiß aussehen, dann mit Sardellenbutter und sauern Rahm unterrührt und sogleich gegessen.

Rindskaldaunen oder Flecke

Die Flecke werden ganz rein gewaschen, dann in warmem Wasser abgebrüht und einige Stunden in Wasser mit Salz kochen gelassen. Nun werden sie in kleine Stückchen geschnitten und wieder in dieser Brühe mit Zwiebel, Lorbeerblatt, Nelken, ganzem Pfeffer und Essig weich gekocht. Man richtet sie gewöhnlich über gekochten Kartoffelstückchen an. Nur müssen die Kartoffeln zuvor mit einigen Löffeln Mehl gekocht werden, was man in Fett oder Butter gebräunt hat.

Rindfleisch einzupökeln

Man nimmt derbes Rindfleisch, schneidet die Knochen ab und aus, reibt es mit Pökelsalz auf allen Seiten tüchtig ein. Nun nimmt man einen Topf oder ein Fäßchen (wenn es zum Zuschrauben geht, ist es besser), bestreut den Boden mit Pökelsalz, legt das Fleisch hinein, thut Lorbeerblätter, Nelken und ganzen Pfeffer darauf, auch mische man etwas klaren Zucker unter das Pökelsalz, damit das Fleisch noch kräftiger in der Farbe wird. Auch werden so Rinds- und Schweinszungen, Schweinskeulen und Schweinefleisch, auch Gänse eingepökelt.

2. *Das Kalbfleisch*

Kalbfleisch zu kochen

Das Kalbfleisch wird rein abgewaschen, mit Salz und kochendem Wasser zum Feuer gesetzt, im Topfe immer umgewendet, denn es legt sich sonst leicht an, und ehe es anfängt recht zu kochen, gut abgeschäumt und ein bis zwei Stunden kochen gelassen. Soll die Brühe schmackhaft werden, so nimmt man einiges Wurzelwerk mit dazu, welches dann gewöhnlich für Kinder oder Patienten zur Suppe benutzt wird.

Wenn man das Kalbfleisch in kaltem Wasser, wie das Rindfleisch, zusetzt, so kocht es nicht so schön weiß, wie mit siedendem Wasser.

Kalbsbrust mit trocknen Pilzen

Man kocht 2 Pfund Kalbfleisch ab, kocht trockne Pilze in Wasser 1/4 Stunde, gießt das Wasser nicht weg, wäscht die gekochten Pilze mit Wasser, schneidet sie länglich, läßt etwas Butter im Casserol steigen, die Pilze nebst Petersilie hinein, wie auch geriebene Zwiebel, läßt es ein wenig passiren, dann eingemehlt, gießt von der Brühe so viel dazu, als man Sauce braucht, wie auch das durchgegoßne Pilzwasser, nun wird es gelblich aussehen, 1/4 Stunde so kochen, dann abgezogen, die Brust ganz oder in Stücken hinein und angerichtet (auch die Sauce mit Essig abschmecken, oder die Brust füllen und spicken).

Kalbsbraten

Die Keule wird geklopft, auch abgehäutet, und mit Speck oder Butter in der Pfanne gebraten. Wenn der Braten 1/2 Stunde bratet, und es unten braun angesetzt hat, gießt man heißes Wasser zu. Sobald der Braten gewendet wird, legt man ihn auf einen

Rost, streut geriebene Semmel darauf, begießt ihn fleißig mit brauner Butter und bratet ihn vollends gut, glaciren wird er sich dann von selbst. Eine Zwiebel, Wurzelwerk und Brotrinde thut man mit dazu, welches eine schöne Bratenbrühe giebt, die man, ehe sie zum Braten gegeben wird, durch einen Durchschlag gießt.

Saurer Kalbsbraten

Die Keule wird gut geklopft, 3 bis 4 Tage in Essig gelegt. Alsdann wird sie rein abgewaschen, die schlappige Haut gut abgeputzt, mit Speck gespickt und in halb Essig und Wasser gebraten. Wenn der Braten gewendet wird, begießt man ihn mit brauner Butter und bestreut ihn zuletzt mit gestoßenen Nelken.

Fricassiertes Kalbfleisch

Zum Fricassé nimmt man gewöhnlich eine fette Brust, läßt sie in Wasser mit Salz und Wurzelwerk eine Stunde kochen. Alsdann wird sie heraus genommen, in beliebige Stücke geschnitten, in einen reinen Lappen Majoran, Thymian und Estragon gebunden und in derselben Brühe nebst etwas Butter weich gekocht. Hierauf werden einige Eidotter und Mehl in etwas Wasser oder Wein über dem Feuer gequirlt, und unter beständigem Quirlen Brühe von dem Fleisch dazu gegossen, so viel als man nöthig hat, und angerichtet.

Kalbfleisch mit Majoran

Sobald das Kalbfleisch weich gekocht ist, wird geriebene Semmel in Butter geröstet, der Majoran nebst der Fleischbrühe dazu gethan; der Majoran muß aber zuvor getrocknet, durch einen Durchschlag gerieben werden und zusammen am Feuer anziehen gelassen. Alsdann wird die Rinde von der Semmel würflich geschnitten, in Butter geröstet und bei'm Anrichten darüber gestreut.

Kalbfleisch mit Kapern und Rosinen

Sobald die kleinen Rosinen gelesen und rein gewaschen sind, werden sie in einem Töpfchen mit ein wenig kaltem Wasser an's Feuer gesetzt. Alsdann wird geriebene Semmel in einem Tiegel mit Fett oder Butter geschmort; ist sie gelb, so gießt man Kalbfleischbrühe daran, schüttet die Rosinen dazu und läßt es noch eine Weile zusammen kochen. Kurz vor dem Anrichten thut man erst die Kapern hinzu.

Will man die Brühe herzhaft haben, so gießt man ein wenig Weinessig hinzu oder drückt den Saft von einer Citrone hinein und versüßt sie noch ein wenig mit Zucker.

Kalbfleisch mit frischen Gurken

Die frischen Gurken werden geschält, von den Kernen befreit, würflich geschnitten und in der Fleischbrühe mit ein wenig Salz, Muscatenblume und einigen Citronenscheibchen langsam geschmort, bis sie weich sind. Dann thut man noch etwas geriebene Semmel dazu und richtet es an.

Kalbsschnitzel

Von rohem Fleisch dünne Scheiben geschnitten, gut geklopft und mit Salz und Pfeffer bestreut, dann 1 Löffel Fines herbes und Petersilie, Citronenschale und Butter warm gemacht; man mischt 1 Ei darunter, wendet die Schnitzel darin um, daß die Sachen daran hängen bleiben, sogleich mit Semmel panirt, in steigender Butter auf beiden Seiten 2 Minuten in einer Pfanne abgebraten, und mit Sauce angerichtet.

Kalbscoteletten

Man nimmt so viel Rippen, als man Coteletten nöthig hat, streift das Fleisch mit dem Messer zurück, so daß man die Rippen anfassen kann, klopft das Fleisch mit einem Hackemesser auf beiden Seiten, bis es recht mürbe ist, und dann bestreut man jede Cotelette mit etwas Salz und Pfeffer. Hierauf wird jede in einem gequirlten Ei umgewendet, mit geriebener Semmel bestreut und in einem Tiegel mit viel Butter schön gelbbraun eingebraten.

Kalbsleber in Butter gebraten

Die Leber wird gehäutet, in dünne Scheiben geschnitten, mit Salz bestreut und in Mehl oder feinem Gries umgewendet. Alsdann thut man Butter und fein geschnittene Zwiebel in einen Tiegel und legt, wenn die Butter recht schäumend aufsteigt, die Leber hinein und läßt sie auf beiden Seiten recht schön gelbbraun braten, nur nicht lange, sonst wird sie hart. Angerichtet wird sie mit Salat, rothen Rüben, Linsen u. s. w.

Gebackene Kälberfüße

Man kocht diese in Wasser mit Salz weich, bricht die Knochen heraus und läßt sie ablaufen. Hierauf werden sie in Eiern umgewendet, mit geriebener Semmel bestreut und in Butter gebacken. Man kann sie auch mit Petersilie garniren.

3. Das Schöpsenfleisch

Schöpsenfleisch gut zu kochen

Das dazu bestimmte Schöpsenfleisch wird in beliebige Kochstücke gehauen, im Wasser rein abgewaschen, noch einmal mit heißem Wasser abgebrüht und mit kochendem Wasser an's Feuer gesetzt. Nun wird das nöthige Wurzelwerk und Salz dazu gethan, gut abgeschäumt und etwas länger als drei Stunden kochen gelassen, bis es weich ist.

Schöpsenbraten gut zu braten

Hierzu nimmt man gewöhnlich Keule. Der Braten wird mit einem Küchenbeile geklopft, in eine Bratpfanne nebst Salz, Zwiebeln und Knoblauch gelegt, etwas Wasser darauf gegossen und in die Bratenröhre gesetzt, drei Stunden braten gelassen, bis er weich und braun ist, man darf ihm aber nicht zu starkes Feuer geben, sondern unter öfterem Begießen sachte braten lassen.

Wenn der Braten gewendet wird, kann man ihn auch mit geriebener Brotrinde oder Semmel bestreuen. Auch kann man ihn mit Chalotten oder Zwiebeln spicken.

Schöpscoteletten

werden nach dem Verfahren der Kalbscoteletten zubereitet.

Schöpsenfleisch mit Möhren

2 Pfund Fleisch in Stücken in einen 4 Kannentopf mit kaltem Wasser und Salz ans Feuer gesetzt, wenn es kocht, ausge-

39

schäumt, 1 1/2 Stunde gekocht, dann die meisten Knochen abgemacht; 1 Teller voll geschnittene Möhren in Scheibchen oder länglich in den Topf, das Fleisch dazu, die Brühe durch ein Sieb, nebst Salz, Pfefferkörner, und läßt es wieder 1 Stunde kochen, 4 Loth Fett, das aus dem Fleische gekocht ist, und 2 Löffel Mehl eingebrennt, nebst Zwiebeln, rührt es mit Brühe klar, zu dem Fleische und Möhren nebst Petersilie und läßt es kochen (man muß so viel zugießen, daß es kochen kann), auch statt des Mehls geriebene Semmel zur Einbrenne nehmen.

So auch zu weißen Rüben, Kohlrabi, Sellerie, Erdäpfel, grüne und weiße Bohnen, Reis, Welschkohl, Schoten und Möhren, neue Pilze, wird es gefertigt.

Schöpsenfleisch mit Weißkraut, das ganz auf die Schüssel gestürzt wird

Das Fleisch wird halb weich gekocht, in kaltem Wasser abgewaschen, von den meisten Knochen befreit, das geviertelte Kraut 1/2 Stunde im Wasser abgekocht, mit der Hand ausgedrückt, legt den Boden des Casserols mit Speckscheiben aus, das Kraut in guter Ordnung hinein, einige Stücken von obigem Fleische darauf, streut Zwiebeln, Nelken, Pfeffer, Salz und Karbe untermengt darüber, wieder Kraut und Fleisch und so fort, bis das Casserol voll ist und mit Kraut zugedeckt, gießt man von der Schöpsbrühe soviel darauf, als es annimmt, läßt es auf dem Feuer oder in einer Röhre 1 1/2 Stunde dünsten, auf eine Schüssel gestürzt, und dünne Sauce dazu. Oder kürzer und gewöhnlich, man kocht beides weich, das Kraut eingebrennt und mit dem Fleische zusammen angerichtet.

Schöpskeule marinirt

Man häutet die gepochte Schöpskeule wie eine Rehkeule ab, spickt sie auch so, in ein Geschirr nebst Pfeffer, Nelken, Salz, Zwiebeln, Knoblauch, Citronenschalen und wenig Wacholderbeeren; kocht 1/4 Kanne Essig, heiß darüber gegossen; darin 8 Tage liegen lassen, und täglich umgewendet; dann bratet sie in der Röhre mit allen worin sie gelegen hat; sie gilt als Rehbraten auf dem Tische. Sie muß einige Tage schon gehangen haben, ohne Schwanz und nicht fett sein. Den Satz kocht man mit rothem Wein los und giebt es als Bratenjus.

4. Das Schweinefleisch

Schweinebraten

Hierzu kann man Keule oder sonst ein derbes Stück nehmen, wäscht es gut ab und setzt den Braten auf einem Gitter in einer Bratpfanne mit Wasser, Salz und Zwiebel in die Bratröhre und läßt ihn zwei Stunden braten. Wenn er gewendet wird, schneidet man die Schwarte würflich und läßt ihn vollends gar braten. Auch kann man ein Stück Kalbfleisch mit braten, was den Geschmack beiderseits erhöht. Das Fett wird beim Braten und vor dem Vorrichten abgeschöpft.

Der Schweinebraten wird auch mit Zimmet und Nelken gespickt, ehe man ihn bratet, und zuletzt, wenn er bald gut ist, mit geriebener Semmel bestreut.

Schweinscoteletten

werden wie Kalbscoteletten gemacht, nur nicht so sehr gepocht, sondern nur breit geschlagen. (Siehe Kalbscoteletten).

Escalops von derbem Schweinefleisch oder Schweinslende

Die Lende oder derbes Fleisch, in 5 bis 6 kleine Stücke geschnitten, wie Beefsteaks, mit einem Messer bis 1/4 Zoll dick breit geschlagen und rund formirt, aber nicht zerhackt, 4 Loth (oder 1 Ei groß) Butter mit Fines herbes steigen lassen, die Escalops hinein, auf beiden Seiten recht heiß aber nicht braun werden lassen, sie sind in 2 Minuten fertig, dann angerichtet, etwas Coulis zu der Butter in die Pfanne und kochend gemacht, sauer abgeschmeckt, auch um Gemüse angerichtet.

Schinken zu kochen

Der Schinken muß zuvor in kaltes Wasser gelegt werden, man wäscht ihn dann mit Kleie und warmem Wasser gut ab, thut ihn in einen Topf und läßt ihn 3–4 Stunden kochen, bis er gut ist. Hierauf zieht man ihm die Schwarte ab, bestreut ihn mit gestoßenem Pfeffer, Zimmet und Nelken, oder blos Pfeffer und Salz, wenn er noch warm ist, deckt dann die Schwarte wieder darüber, welche man beim Essen vom Schinken wieder wegnimmt.

Hierzu giebt man Salat, gebackenes Obst, Erbsen, Linsen u. s. w.

Sülze von Schweinefleisch

Man nimmt 2 Pfund Schweinefleisch, gewöhnlich vom Kopfe, 3 Kalbsfüße, und läßt es in Wasser mit Salz weich kochen, alsdann aus der Brühe genommen und ausgekühlt; die Brühe wird geseiet, rasch eingekocht, das Fleisch würflich geschnitten und mit einer ganzen Zwiebel, Nelken, ganzes Gewürz, Citronenschalen, einer Obertasse Weinessig, dem Saft einer Citrone, die Brühe durch ein Haarsieb darauf gegossen und noch einmal aufgekocht. Nun wird auf den Boden einer tiefen Schüssel von Citronenscheibchen ein Stern gelegt und legt von der Masse darauf, bis er angefüllt ist; dann wird die Schüssel an einen kühlen Ort gestellt. Man giebt es mit Essig und Oel.

Schweinsknöchelchen kalt

Die abgesengten Schweinsfüße von zahmem Schweinefleisch werden in Stücken gehackt und weich gekocht, nebst Salz, Gewürze und Zwiebeln, dann legt man das Fleisch davon in guter Ordnung auf eine flache Schüssel, kleine Rosinen, Citronenschale und Mandeln darüber gestreut, mit der Schweinsbrühe übergossen, und wenn es gegallert hat, kalt gegessen.

Schweinepökelfleisch

Zu 6 Pfund Schweinscarré stößt man 1 Loth Pökelsalz und mischt es unter 3 Loth Salz, reibt das Fleisch auf allen Seiten recht derb damit ein; alsdann wird es in ein Geschirr gelegt mit 3 Lorbeerblättern, 2 Nelken, Pfeffer und Neuewürze, läßt es bei fleißigem Umwenden 4 bis 6 Tage stehen, dann gebraten oder in Wasser ohne Salz weich gekocht und zu Linsen, Erbsen, weißen Bohnen, auch Sauerkraut gegeben.

5. Gemüse mit und ohne Fleisch

Kartoffelstückchen

Die Kartoffeln werden geschält, in Stückchen geschnitten, gewaschen und in Fleischbrühe weich gekocht. Nun kann man nach Belieben gewiegte Petersilie, Sellerie, Zwiebeln oder auch saure Gurken dazu thun und die Kartoffelstückchen zu Rind- oder Schöpsenfleisch anrichten.

Kartoffelstückchen auf andere Weise

Man schäle Kartoffeln roh oder gekocht, schneide sie in Stückchen, setze sie mit Fleischbrühe, Petersilie, nach Belieben auch mit etwas Majoran oder Kümmel an's Feuer, würze sie etwas mit Pfeffer und lasse sie nun gehörig gar kochen.

Saure Kartoffelstückchen

Man schmore klargeschnittene Zwiebel in Butter, Speck oder Fett blaßgelb, thue in Butter braun geröstetes Mehl, gestoßene Neuewürze und etwas Pfeffer, auch ein Lorbeerblatt hinzu, quirle dieses gut durch einander und lasse es mit den zuvor gekochten, geschälten und in Stücke geschnittenen Kartoffeln, wenn man so viel Essig, als nöthig ist, daran gethan hat, aufkochen.

Feine Erdäpfel

Die gekochten, kalten Erdäpfel in sehr dünne Blättchen geschnitten, dann in viel Butter mit geriebenen Zwiebeln (aber nicht braun) gebraten, und mit der Gabel klar gedrückt. Auch die Erdäpfel kalt gerieben und so gebraten, und dick als ein Berg angerichtet.

Gebratene Erdäpfel zu Beefsteaks

Gekochte Erdäpfel in Scheiben, 1 Stück Butter im Casserol braun werden lassen (oder Fett, auch Gänsefett), mit Zwiebeln braun gebraten, die Erdäpfel hinein mit Salz und Pfeffer; man muß sie über starkem Feuer etwas rasch braten und umrühren, auch noch mit brauner Butter begießen.

Erdäpfelmehl zu machen

Die großen Erdäpfel werden recht rein gewaschen und geschält, roh auf einem Reibeisen gerieben, dann das Geriebene in ein Faß und viel kaltes Wasser darauf, recht durchgerührt, alsdann durch ein großes Sieb in ein anderes Faß. Man kann sich wenig (nur von 8 Erdäpfeln) Mehl auf einmal machen. Die Schalen, welche im Siebe zurückbleiben, können dem Vieh gegeben werden, haben aber wenig Kraft mehr; oder man kann das, was im Siebe bleibt, gut brauchen, nämlich: man preßt das Wasser rein aus, legt die Fasern auf ein Brett und läßt sie einen Tag trocknen, dann schneidet sie mit einem Wiegemesser recht fein, und läßt sie noch mehr trocknen, dann durch einen Durchschlag gerieben (auch im Mörser gestoßen), und trocken wie Grütze in Suppen gebraucht. Nun oben setzt sich das Erdäpfelmehl, das durch das Sieb gegangen ist, in dem Fasse fest zu Boden, in 1/2 Stunde gießt man das Wasser sachte ab, wieder kaltes Wasser darauf, rührt es recht um, und läßt es wieder setzen, und so fort, bis das Mehl weiß und klar bleibt. In einem Vormittage mit sechsmal anderem Wasser ist es fertig; alsdann gießt man das Wasser rein ab, sticht das auf dem Boden fest angesetzte Mehl mit einem Rührlöffel heraus auf ein leinenes Tuch, legt es damit auf ein Brett und läßt es an der Sonne oder auf dem Backofen trocknen (wenn man es mehrere Tage lang wässert, dann schmeckt es wasserfaul). Wenn das Mehl halb trocken ist, dann mit einem Rollholz zerdrückt und verschiedene Male durchs Haarsieb gerieben, daß es fein und trocken wird und schnurpt, in Papiersäcken oder Töpfen an trockenen Orten aufbewahrt, so hält es sich viele Jahre.

Reis

Man nimmt zu 3 bis 4 Portionen ein halbes Pfund Reis, quirlt ihn einige Male mit kochendem Wasser ab und läßt ihn mit Butter und guter Fleischbrühe ausquellen. Er darf aber nicht zu sehr gerührt, sondern mit dem Rührlöffel nur langsam umgedreht werden, damit er schön lang und ganz bleibt. Auch kann man große oder kleine Rosinen mit hinein thun und ihn mit Rind- oder Kalbfleisch und geriebener Muskate anrichten.

Linsen (auch saure)

Die Linsen werden gewöhnlich im Einweichwasser weich gekocht, alsdann wird klein geschnittene Zwiebel und Mehl in Butter oder Fett gelbbraun geröstet und läßt es zusammen mit Salz wieder aufkochen.

Will man sie sauer machen, so nimmt man gewöhnlich Weinessig und thut denselben mit hinzu, wenn das braun geröstete Mehl dazu kommt, und läßt es zusammen aufkochen.

Hierzu kann man Schinken, Bratwurst, Hering, Eier auf Butter etc. geben.

Erbsen

Die Erbsen werden zuvor gelesen und mit Einweichwasser angesetzt; sind sie eingekocht, so wird heißes Wasser zugegossen. Sobald sie weich sind, thut man das nöthige Salz, auch Zwiebel und Petersilie mit hinein und läßt es zusammen noch einmal aufkochen, quirlt oder drückt sie und richtet sie mit brauner Butter oder zerlassenem Speck an.

Sollen die Hülsen entfernt werden, so reibt man sie durch einen Durchschlag. Hierzu giebt man gewöhnlich Rauch- oder Pökelfleisch, Bratwurst etc.

Grüne Erbsen mit Möhren

Sobald die Schoten ausgebeert, die Möhren klein würflich geschnitten und rein gewaschen sind, werden sie in Wasser oder Fleischbrühe gar gekocht. Hierauf röste man geriebene Semmel im Fett oder Butter, läßt es zusammen mit klein gewiegter Petersilie, Salz und Zucker aufkochen und richtet sie an. Hierzu giebt man Schweinefleisch, Bratwurst, Coteletten etc.

Weiße Bohnen

Man läßt die Bohnen in Einweichwasser weich kochen, dann wird das Wasser ab- und Fleischbrühe zugegossen; während dem Aufkochen wird Mehl und klein geschnittene Zwiebel in Butter oder Fett gelbbraun geröstet und dazu gethan, nur wenig gerührt, sonst wird es mußig, und zu Wurst, Schöpsen- oder Schweinefleisch etc. gegeben.

Grüne Bohnen

Die grünen Bohnen werden abgezogen, gewaschen und geschnitten, im Wasser mit Pfefferkraut halbweich gekocht, dann das Wasser abgegossen und in Fleisch- oder Schinkenbrühe weich gekocht. Nun wird Semmel oder Mehl in Butter geröstet und dazu gethan und zu Rindfleisch, Schinken etc. gegeben.

Grüne Bohnen mit Milch

Die grünen Bohnen werden abgezogen, fein geschnitten und gewaschen. Dann werden sie in einen Topf gethan, worin kochendes Wasser ist, läßt sie weich kochen, gießt sie alsdann rein ab und thut Butter, Salz, gehackte Petersilie, Pfefferkraut und kochende Milch dazu, auch werden zuvor 1 bis 2 Löffel Mehl in Rahm oder guter Milch abgequirlt und dazu gethan, durch einander gerührt und zusammen noch einmal aufkochen lassen. Hering, Carbonade und Eierkuchen werden gewöhnlich dazu gegeben.

Gräupchen

Man läßt die Gräupchen zuvor in ein wenig Wasser mit Butter aufkochen, dann wird Fleischbrühe hinzugegossen und läßt sie gehörig ausquellen. Beim Anrichten über Rind- oder Kalbfleisch wird Citronensaft oder etwas weißer Wein dazu gethan und Muskate darüber gerieben.

Kohlrabi

Sobald der Kohlrabi geschält und in dünne Scheiben geschnitten ist, nimmt man das Herz vom Grünen hinzu und wäscht Alles zusammen, kocht es im Wasser ab, welches wieder abge-

gossen wird, und schwengt ihn mit wenig Butter gut unter einander. Alsdann wird Fleischbrühe darauf gegossen, Mehl oder Semmel in Butter gelbbraun geröstet und mit dazu gethan. Beim Anrichten wird Muscate darüber gerieben, auch Klöschen und Blumenkohl dazu angerichtet und zu Rinds- oder Schöpsenfleisch gegeben.

Gefüllter Kohlrabi

Die mittelmäßigen Kohlrabi werden geschält, glatt und rund dressirt, oben eine Scheibe als Deckel abgeschnitten, mit einem Eisen oder scharfen Löffel ausgehöhlt und 1/4 Stunde in Wasser gekocht, alsdann mit der Farce, worunter noch etwas Kalbsbraten ist, gefüllt, den Deckel oben übers Kreuz angebunden, in ein Casserol gesetzt, mit Brühe 1/2 Stunde gekocht, dann mit einer dicken Buttersauce begossen.

Eben so gefüllter Sellerie.

Weiße Rüben

Die Rüben werden geschält, gewaschen, geschnitten und in Rinds- oder Schöpsenbrühe, auch in Wasser mit Butter weich gekocht. Nun wird Mehl in Butter geröstet und in etwas Rübenbrühe klar gerührt, zu den Rüben gegossen; man thut außerdem etwas Kümmel und Zucker hinzu und läßt es zusammen aufkochen. Bei'm Anrichten kann man sie mit klarem Pfeffer bestreuen und Rind-, Schöpsen- oder Schweinefleisch dazu geben.

Kohlrüben

werden ganz so zubereitet, wie die weißen Rüben. Hierzu giebt man Rind- oder Rauchfleisch etc.

Weißkraut

Die äußeren Blätter werden abgemacht, das Kraut in vier Theile geschnitten, rein abgewaschen und dasselbe mit Kümmel im Wasser weich gekocht, gießt alsdann das Wasser wieder ab und läßt es in Fleischbrühe kochen. Sodann wird Mehl und klein geschnittene Zwiebel in Butter oder Fett gelbbraun geröstet, dazu gethan und zusammen aufkochen gelassen, nur daß die Viertelchen ganz bleiben. Hierzu giebt man Rind- oder Schöpsenfleisch, auch Gänse- und Schweinebraten etc.

Auf diese Weise bereitet man auch *Welschkohl.*

Gefüllter Welschkohl

Schneidet die festen Welschkohlköpfe der Länge nach von einander, höhlt beide Hälften aus, dünstet das Herausgeschnittene nebst 1/2 Pfund Kalbfleisch in Butter ganz weich, klein geschnitten, dann mit 2 Eiern, Salz, Muskate, Pfeffer, 6 Loth Semmel untermengt (die obigen Kohlhälften 1/2 Stunde abgekocht), füllt die beiden Höhlungen des Kohls damit, legt beide Hälften zusammen, umbindet es mit Zwirn, kocht es in Brühe recht weich, auch mit Semmel eingebrennt. Alle diese Gemüse kann man mit Speck statt Butter oder Fett einbrennen.

Spargel

Schöner starker Spargel wird der Länge nach abgeschabt, gewaschen, in Gebinde gebunden und in Wasser mit ein wenig Salz und Butter gekocht, aber nicht zu weich. Nun wird er auf eine Schüssel, die Gebinde auseinander und übereinander gelegt und die Brühe darüber gegossen, die auf folgende Art bereitet wird: Man quirlt 2 Eßlöffel Mehl mit 4 Eidottern kalt unter einander, dann wird die Spargelbrühe bei beständigem Quirlen am Feuer dazu gegossen und mit ein wenig Essig und Muskate abgeschmeckt. Auch giebt man den Spargel, in kleine Stücken geschnitten, zu Reis, Gräupchen, Petersilie und kleinen Klöschen.

Sellerie

Der Sellerie wird geputzt und rein gewaschen, in runde oder viereckige Stücken geschnitten und in Rinds- oder Kalbsbrühe weich gekocht. Alsdann wird geriebene Semmel in Butter geröstet, dazu gethan, ein wenig anziehen gelassen und mit Muskate abgeschmeckt. Man richtet es mit Rind- oder auch Kalbfleisch an.

Meerrettich

Die Wurzeln werden gewaschen, abgeschabt, gerieben und mit geriebener Semmel in Fleischbrühe ein wenig kochen gelassen. Je weniger er kocht, desto schärfer bleibt er. Man kann auch ein Paar Eierdotter mit einrühren, wovon er schön gelb wird. Derselbe wird über Rind- oder Schweinefleisch (auch Klöse als Nebenspeise) angerichtet.

Sauerkraut

Man läßt das Sauerkraut 2 bis 3 Stunden in Wasser kochen; wenn es scharf ist, so wird es einige Male abgegossen und im Wasser oder in Fleischbrühe weich gekocht. Alsdann wird ein wenig Mehl in reichlich Fett oder Butter gelbbraun geröstet, damit geschwengt und noch einmal durchgekocht. Wenn es angesetzt wird, kann man auch ein wenig Wein oder Citronensaft dazu thun. Hierzu giebt man frisches, geräuchertes oder gepökeltes Schweinefleisch, Bratwurst, Schinken etc.

Grünkraut

Es besteht aus Spinat, Nesseln, Melde, Schafgarbe, Knerre, Sauerampf, jungen Kohlblättern und Rübsen, jedes allein weich gekocht, zusammen klein geschnitten, wie Spinat mit fetter Brühe zurechte gemacht, mit etwas rohem, klein gewiegtem Kerbel, Schnittlauch in Butter weich gedünst, und zum Rindfleisch oder Coteletts angerichtet. Man pflegt es gewöhnlich am grünen Donnerstag zu essen.

Pastinackwurzeln

Diese werden rein abgeschabt, länglich geschnitten, dann gewaschen, in guter Fleischbrühe und mit etwas Ingwer und Pfeffer gekocht. Alsdann werden Semmelkrumen in Butter geröstet hinzugethan; man schwengt sie dann um und läßt sie zusammen aufkochen.

Sie werden bald weich, nur dürfen sie nicht zerrührt werden.

Zwiebeln

Die Zwiebeln werden in Viertelstückchen geschnitten, in Wasser abgekocht, dann das Wasser weggethan und in Schöpsenfleischbrühe mit Kümmel und Salz weich gekocht. Hierauf wird geriebene Semmel in Butter oder Fett geröstet, unterrührt, ein wenig anziehen gelassen und zu Schöpsenfleisch angerichtet.

Porree

wird ganz so zubereitet, wie die Zwiebeln, und zu Schöpsenfleisch angerichtet.

6. Geflügel

Eine Gans zu schlachten und zu braten

Soll die Gans abgeschlachtet und das Blut zum Gänseschwarz genommen werden, so beugt man den Hals krumm und schneidet dicht am Kopfe ins Genick, läßt sie gut ausbluten und quirlt das Blut während des Fangens in Essig. Das Rupfen der

Federn muß so schnell wie möglich geschehen, damit die Gans nicht erkalte. Ist sie nun rein gerupft, so wird sie gesengt, Flügel und Füße im Gelenke abgeschnitten und in kochendem Wasser gebrüht. Wenn dies geschehen ist, so wird sie noch einmal in kaltem Wasser abgewaschen und darin liegen gelassen, bis sie kalt und das Fett inwendig hart ist, dann wird sie gehörig ausgenommen, das Fett von den Därmen abgelöst, Gurgel und Schlund herausgenommen, der Magen aufgeschnitten, die dicke Haut abgezogen, die Blume und das Darmfett besonders in kaltes Wasser gelegt, rein ausgewaschen und die Leber wieder besonders gelegt. Flügel und Füße nimmt man zum Gänseklein und reinigt den Körper vollends durch Brühen. Die Gans wird nun innerhalb ausgebrüht und mit Salz eingerieben, Beifuß und Borsdorfer Aepfel hinein gesteckt. Dann heftet man die Oeffnung zu, salzt sie von außen und bratet sie in der Bratpfanne mit so viel Wasser, als nöthig ist, unter öfterem Begießen mit der Brühe schön gelbbraun. Man kann die Blume und das übrige Fett gleich mit auf die Gans legen und mit ausbraten lassen, es bekommt so einen besseren Geschmack, als wenn man es im Tiegel auskreischt.

Gänseklein (Gänseschwarz) mit schwarzer Brühe

Von der Gans werden die Flügel, der Hals, Kopf, Füße, Magen und Herz recht rein gewaschen, in Wasser mit ein wenig Salz weich gekocht und eine Brühe auf folgende Art bereitet: Man quirlt das Blut von der Gans ein wenig und gießt es durch ein Sieb oder Durchschlag; nun reibt man für 1 Ngr. Pfefferkuchen und thut von der Brühe, worin das Gänseklein gekocht, so viel dazu, als man nöthig hat, auch ein wenig gestoßene Nelken und Neuewürze hinein und läßt es unter beständigem Quirlen aufkochen; ist es noch nicht sauer genug, so gießt man etwas Weinessig hinzu. Auch kann man etwas Pflaumenmuß dazu thun. Man giebt es gewöhnlich zu Klößen.

Gänseleber zu braten

Man zerschmelzt Gänsefett oder Butter, wendet die Leber in Mehl um, salzt sie gehörig und läßt sie mit einer klein geschnittenen Zwiebel und einer Nelke gut braten.

Ente zu braten

Es ist dieselbe Zubereitung, wie bei der Gans, indessen werden Hals und Flügel nicht abgeschnitten, die Augen aber ausgestochen und der Schnabel abgehackt, Magen und Leber gewiegt, mit geriebener Semmel, Butter und Eiern vermischt und die Ente damit, oder mit Aepfeln, so wie auch nur mit Beifuß gefüllt.

Ente geschmort

Die rein gemachte Ente naß in Mehl umgewendet, in 4 Loth oder 1 Ei groß Butter auf allen Seiten braun gebraten, dann mit 1/4 Kanne Wasser, Wein, Pfeffer, Ingwer und Knoblauch ganz weich kochen lassen, mit Sardellen und Essig sauer abgeschmeckt.

Truthahn gebraten

Der Truthahn wird gereinigt, gespeilert und mit Bindfaden geheftet, der Kropf wie bei den Tauben gefüllt. Nämlich 16 Loth oder 20 Löffel geriebene Semmel in ein Casserol, 1/4 Kanne Rohm, 4 Loth oder 1 Ei groß Butter, 3 Eier, Citronenschale, kleine Rosinen, Mandeln, 1 Löffel Zucker und das Fett von dem Truthahn, alles durcheinander gerührt; auch anstatt Rosinen, Zucker und Mandeln kann man Sardellen und Capern nehmen. Diese Masse wird in den Kropf gefüllt, zugebunden und dann den Braten in der Pfanne und Röhre 2 oder 3 Stunden unter öfterem Begießen braun gebraten. So auch mit einer Fleischfarce füllen, worunter Kastanien, Capern, Austern, Trüffeln und Sardellen gemischt werden.

Ist es ein altes Thier, so muß es vorher einige Zeit in der Luft gehangen haben; ist es ein junger Truthahn, so ist er vielleicht schon in 2 Stunden gut. Will man es aber genau wissen, ob er alt ist, so schneidet man einen Flügel ab und kocht ihn Tags vorher, daran wird man sehen, wie lange es zu braten braucht.

Die obige Masse zum Füllen braucht nicht in den Kropf gefüllt zu werden, sondern kann auf einer Schüssel oder Form besonders abgebacken, und stückweise oder so ganz zum Braten angerichtet werden, das im Kropf Gefüllte bratet öfters nicht durch und bleibt roh, oder zerplatzt auch.

Altes Huhn mit Reis

Ein altes Huhn findet nur im Topfe seinen Platz. Ist das alte Huhn rein gemacht, auch gespeilert, so wird es mit Wasser und Salz 2, 3 auch 4 Stunden gekocht, bis es weich ist. Hierauf wird die Brühe durch ein Sieb über 1/2 Pfund Reis gegossen und 1/2 Stunde kochen gelassen; alsdann wird das alte Huhn ganz oder zerschnitten in den Reis hinein gelegt und so angerichtet.

Den Reis kann man noch mit Butter, Salz und Muskate schmackhafter machen. Auch kann man mit dem alten Huhn 1 Zwiebel, Neuewürzkörner, Sellerie, Möhren und Petersilienwurzel kochen lassen.

Tauben mit Reis und Käse in einem Blätterteigrand

Die fertigen gebratenen Tauben in Stücken, mit etwas Butter und Zwiebeln warm gestellt, 1/2 Pfund oder 2 Obertassen Reis in 1 Kanne Brühe dicklich gekocht, mit Käse, Butter, Salz und Muskate abgeschmeckt, den Rand einer Schüssel mit Ei bestrichen, mit einem Bande von Blätterteig belegt, 1/2 Zoll dick und so breit als der Schüsselrand ist, dann die Hälfte von dem verkühlten Reis auf die Schüssel, läßt aber in der Mitte einen kleinen leeren Raum, legt die Tauben auf den Reis darauf herum, mit der Butter und mit Reis zugestrichen, alles mit Ei, Semmel und Käse bestreut, und 1/2 Stunde abgebacken. Der Teig wird in die Höhe steigen und der Reis nur Farbe bekommen; dann mit zerlaßner oder Krebsbutter begossen und in den leeren Raum eine saure Sauce gethan. So auch von Hühnern, Capaunen, Kalbsbrust und Kalbsmilch, Schöpscoteletten, Schinken oder Pökelfleisch machen.

Junge Hühner und Tauben zu braten

Nachdem die jungen Hühner und Tauben geschlachtet und gereinigt sind, klemme man ihnen den Kopf unter den einen und die Leber unter den anderen Flügel, speile sie durch die Keulen und stecke den Speil noch durch die Augenlöcher. Den Tauben dagegen wird der Kopf abgerissen und der lange Hals unter die Flügel gesteckt. Ist das Geflügel mager, so wird es gespickt, außerdem auch mit Speckscheiben belegt. Eine Fülle von Butter, geriebener Semmel und Eiern kommt gewöhnlich zu den Tauben. Zu den Hühnern macht man Folgendes: Hühnerherz, Speck und einige Zwiebeln werden gehackt und mit geriebener Semmel, Eiern und Pfeffer vermischt. Auch kann man ganze Speckscheiben hinein legen; außerdem auch blos mit gereinigter Petersilie füllen und unter öfterem Begießen mit steigender Butter schön gelbbraun braten.

Rebhühner zu braten

Die Rebhühner werden wie junge Hühner behandelt, auf der Brust gespickt, und unter öfterem Begießen mit steigender Butter schön gelbbraun gebraten und nach Belieben mit geriebener Semmel bestreut.

Fasan mit Sauerkraut

Der Fasan wird gespickt und gebraten, kalt die Brust und das Fleisch abgeschnitten, in einem Casserol nebst Glacé und Brühe glacirt, das Rückgrat zerstoßen und etwas Brühe 1/4 Stunde aufgekocht, dieses zu dem fertigen Sauerkraut durch ein Sieb gegossen und so angerichtet und die glacirten Fasanstücken darauf gelegt.

Krammetsvögel, Schnepfen, Drosseln, Zippen, Lerchen und Kiebitze zu braten

Diese Vögel kann man, ohne sie auszunehmen, braten, müssen aber fleißig mit steigender Butter begossen werden. Sind die Krammetsvögel bald gar, so bestreut man sie mit gestoßenen Wacholderbeeren und geriebener Semmel. Zu den Lerchen werden Weinbeeren in der Bratenbutter geschmort, und mit Zucker und Zimmet bestreut.

7. Wildpret

Alles Wildpret, wenn es frisch ist, wässert man nicht erst ein, sondern wenn es abgewaschen, bratet oder kocht man es sofort; dasjenige aber, was man nicht gleich verbraucht, wird in ein Geschirr gelegt, halb Essig und halb Wasser, oder auch saure Milch darauf gegossen, mit gestoßenen Wacholderbeeren bestreut, gut zugedeckt, an einen kühlen Ort gestellt und dann öfters umgewendet.

Wildpret zu kochen

Wenn das Wildpret rein abgewaschen, wird es in Stücke geschnitten, mit kochendem Wasser, Salz, einer Zwiebel, etwas Neuewürze und zwei Lorbeerblättern an's Feuer gesetzt und so weich kochen gelassen, daß die Knochen davon abgelöst werden können. Nun wird das Fleisch so lange wieder in die warme Brühe gelegt, bis man eine andere auf folgende Art bereitet hat:

Man röstet ein dünnes Stückchen Brot auf beiden Seiten gelbbraun; wenn es erkaltet ist, brockt man es in ein Töpfchen und läßt es mit Essig klar kochen. Nun röstet man ferner 1–2 klein geschnittene Zwiebeln in Fett, thut einen Eßlöffel Mehl dazu; wenn es braun ist, gießt man Wildpretsbrühe durch ein Haarsieb dazu und läßt es unter beständigem Rühren ankochen; zuletzt gießt man das in Essig klar eingequirlte Brot dazu und läßt Alles zusammen aufkochen. Im Fall diese Brühe zu dick wird, so gießt man Essig oder Wildpretsbrühe dazu. Alsdann wird das Wildpret in dieselbe Brühe gelegt und ein wenig anziehen gelassen; nur muß man sich sehr hüten, daß es nicht anbrennt, sonst verliert es seinen guten Geschmack.

Hasenbraten

Dem Hasen wird das Fell abgezogen (die Vorderläufe, die Brust, der Hals mit dem Kopf abgeschnitten, Geschlinke und Leber sind für das Hasenklein), den Hasen gewaschen, niemals im Wasser liegen gelassen, so wie alles Wildpret, die feinen Häute ganz dünne und glatt abgehäutet und den Hasen gespickt, in der Bratpfanne mit Butter 1 1/2 Stunde gebraten und oft begossen, mit Bratenjus und viel Butter angerichtet. Ist es ein alter Hase, welcher länger braten muß, mit dickem sauern Rohm begossen, mit Semmel bestreut, die Bratenbrühe mit brauner Butter apart gegeben.

Hasen zu dämpfen

Zerlege einen gewässerten, gereinigten und abgezogenen Hasen in so viel Theile, als Portionen nöthig sind. Nun thut man ein Stück Butter nebst einer zerschnittenen Citrone, einer Zwiebel, etwas Neuewürze und Wacholderbeeren in einen Dämpftiegel, legt die Hasentheile dazu, gießt ein wenig kochendes Wasser darauf und läßt ihn bei gelinder Hitze unter fleißigem Begießen langsam dämpfen. Vor dem Anrichten wird er noch mit brauner Butter begossen und zuletzt die Brühe durch einen Durchschlag gegossen.

Hasenklein

Wenn das Hasenklein rein gewaschen, wird es mit Wasser, Salz, Zwiebeln, grobem Gewürz und etwas Essig weich ge-

kocht. Dann röstet man Mehl mit etwas Zwiebel hochbraun, thut die Brühe von dem Hasenklein dazu und läßt es mit dem Hasenfleisch nebst Kartoffeln und saurer Gurke aufkochen. Ist die Brühe zu dünn, so wird sie mit etwas geriebener Brotrinde verdickt.

Das Kaninchen

wird wie der Hase behandelt, scheint auch mit ihm verwandt zu sein, ist aber in der Lebensweise und im Fleische wesentlich verschieden. Das Kaninchenfleisch ist viel weißer, zarter und saftiger als beim Hasen; das gilt auch vom wilden Kaninchen.

Schweinswildpret

Wenn das Wildpret rein gewaschen, wird es mit Nelken gespickt und gut gesalzen, auch eine mit Nelken gespickte Zwiebel in die Pfanne dazu gelegt und schön gelbbraun gebraten. Man kann es zu Salaten, auch Preiselbeeren geben.

Rehbraten

Der Rücken und die Keulen werden gehäutet und gespickt, nur inwendig gewaschen, nie gewässert, dann am Spieß und Feuer oder in der Röhre mit Butter, 1 1/2 Stunde unter öfterem Begießen gebraten. Die mehrsten Köchinnen braten ihn zu lange und bei vielem Feuer, fangen auch zu zeitig damit an und so wird er zu trocken; nur wenig Feuer und bei öfterem Begießen kurze Zeit gebraten; braucht nicht braun wie Schöpsbraten zu sein.

8. Klöse

Mehlklöse

Man schneidet Semmelwürfel, röstet sie mit klein geschnittener Zwiebel in Butter oder Speck schön gelbbraun, thut dieses mit warmer Milch, Mehl, etwas Salz, zu einem Teig und macht davon Klöse, aber nicht zu fest. Alsdann thut man sie in kochendes Salzwasser und läßt sie eine halbe Stunde kochen. Will man probieren, ob sie gut sind, so sticht man mit einer Gabel in den Klos. Hängt sich kein Teig an, können sie herausgenommen und mit gebackenen, gekochten Birnen oder Pflaumen, oder auch blos mit brauner Butter angerichtet werden. Auch kann man Eier mit in den Teig schlagen, wovon sie aber fest werden.

Milchklöse

3 Loth Butter, 3 Eier, 12 Loth Semmel gut durchrührt, kleine Klöschen davon gemacht, oder mit einem Löffel große Nocken in 1 Kanne kochende Milch 5 Minuten abgekocht, angerichtet, diese Milch mit Zucker, Dottern, wenig Mehl und Milch legirt, als Sauce. Eine leichte Milchspeise.

Fleischklöse

Man nimmt Schweine- oder Kalbfleisch, schneidet es in Würfel, hackt es zu einem sehr feinen Teig, schlägt ein Paar Eier dazu und rührt dies nebst Salz, Muskate, geriebener Semmel, gewiegter Citronenschale, Zwiebel und etwas Pfeffer recht gut untereinander und macht kleine längliche Klöschen daraus. Dann werden sie in Butter gebraten oder in Fleischbrühe gekocht.

Griesklöse

1 1/2 Pfund Gries wird in 1 Kanne Milch zu einem starken Teig gekocht, 5 abgequirlte Eier und 2 in Würfel geschnittene und in Butter gebratene Semmeln dazu gerührt, davon sticht man Stückchen mit dem Löffel aus und siedet sie in kochendem Wasser.

Läuft der Teig noch, so wird Gries dazu gerührt.

Griesklöse anders

1/4 Kanne Rahm, 2 Loth Butter und 1 Loth Zucker gekocht, dann 4 Loth Gries hinein und ausquellen lassen, dann 3 Dottern und Salz dazu, 20 Klöse davon formirt, in 3/4 Kanne Milch (oder in Wasser) 6 Minuten gekocht, die kochende Milch auch zuletzt legiert als Sauce angerichtet, oder eine Rahmsauce apart gemacht; auch ohne Zucker, dann mit brauner Butter.

Butterklöschen

Man rührt 4 Loth Butter mit 2 Eiern und etwas Muskate zu Schaum, reibt alsdann 5–6 Loth Semmel ganz fein, mengt dieses Alles gut unter einander und macht kleine Klöschen davon. Hierauf läßt man sie in kochender Fleischbrühe kochen und wenn sie obenauf schwimmen, sind sie gut, wo sie alsdann gleich aufgetragen werden müssen.

Hefenklöse

Von Mehl, Milch, Hefen und Salz wird ein Teig zubereitet und Klöse davon gemacht, die gemachten Klöse eine halbe Stunde liegen gelassen, damit sie gehen, dann in kochendem Salzwasser gut gekocht, auseinander gerissen und braune Butter hinein gegossen. Man kann gebackenes Obst darüber geben.

Wickelklöse

Man nimmt Milch, Mehl und einige Eier, welchert auf einer Kuchenschiebe einen Teig breit und bestreut ihn mit gerösteter Semmelkrume. Alsdann werden Streifen geschnitten und zusammengerollt, in Salzwasser gekocht und mit brauner Butter angerichtet.

Schinkenklöse

Für einen Groschen Semmel schneide in feine Würfel, rühre 8 Eier und ein Tassenköpfchen voll Kartoffelmehl darunter, thue 3 in Würfel geschnittene und in 1/4 Pfund Butter geröstete Semmeln, 1 Pfund abgekochten, fein gehackten Schinken und ein wenig Mehl dazu, rühre Alles durcheinander, mache Klöse davon, koche sie in Salzwasser und gieb sie mit gekochtem Obst.

Ein Schnitzenklos

Gebackene Birnen oder Pflaumen werden gewaschen, eine Bratpfanne oder Schmortopf halb voll damit gemacht, und so viel Wasser hinzugegossen, daß es darüber wegsteht; alsdann werden sie mit gewöhnlichem Hefenteig bedeckt und im Back- oder Bratofen zusammen backen gelassen. Auch kann man unten hinein noch ein Stück Schwarzfleisch oder Speck legen.

Rohe Kartoffelklöse

Rohe Kartoffeln werden geschält, in Wasser abgewaschen, dann in ein anderes Gefäß auf dem Reibeisen gerieben, frisches Wasser darüber gegossen, dasselbe mehrmals wiederholt und über Nacht stehen lassen. Am andern Morgen wird mit dem Wasser gewechselt und wie am Abend verfahren, denn dadurch, daß immer das alte Wasser abgegossen und frisches genommen wird, werden die Klöse schön weiß. Nun muß man die geriebenen Kartoffeln in einem Tuche pressen, so daß das Wasser rein herauskommt, die übriggebliebenen Kartoffelstückchen werden in Wasser mit Salz weich gekocht und so dünn wie Suppe gequirlt. Hierauf wird das Geriebene in einem Gefäß auseinander gemacht und mit dem Gekochten überbrüht, tüchtig untereinander gearbeitet und dann noch mit würflich geschnittener Semmel, welche zuvor in Speck oder Butter geröstet, zu einem flüssigen Teig mit Salz untermengt. Alsdann macht man schnell Klöse, thut sie in kochendes Wasser und läßt sie, bis daß sie oben schwimmen, darin kochen. Man richtet sie gewöhnlich mit einer Bratensauce oder gebackenem Obst an.

Kartoffelklöse

Große mehlige Kartoffeln werden geschält und, wenn sie kalt sind, gerieben; am besten ist es, wenn man sie Tage vorher abkocht. Hierauf schmort man würflich geschnittene Semmel in Speck oder Butter, auch eine klein geschnittene Zwiebel schön gelbbraun, schüttet sie zu den mit Mehl, Salz und Muskate vermengten Kartoffeln und macht Klöse daraus. Sie werden dann in kochendem Salzwasser oder Fleischbrühe eine halbe Stunde kochen gelassen, herausgenommen und wie Mehlklöse angerichtet. Wenn sie lange stehen, werden sie derb.

9. Eierspeisen

Eierkuchen

Man weicht für 4 Pfennige Semmel in Milch ein; wenn dieselbe durchgeweicht ist, drückt man sie wieder rein aus, thut
sie in einen Topf, schlägt 4–5 Eier, etwas Muskate und Salz

hinzu und quirlt Alles gut durch einander. Hierauf zerläßt man in einem Eierkuchentiegel etwas Butter, schüttet dann das Eingequirlte hinein und läßt den Kuchen unter beständigem Rütteln backen. Ist er nun auf der einen Seite schön gelbbraun, so stürzt man ihn auf einen Teller, thut noch einmal ein Stückchen Butter in den Tiegel und läßt den Eierkuchen auch auf der andern Seite gelbbraun backen.

Eierkuchen mit Schnittlauch oder grünen Zwiebeln

1/4 Kanne Rohm, 3 Loth Mehl und 4 Eier gequirlt, in 3 Loth Butter oder Speck mit Schnittlauch oder grünen Zwiebeln nicht zu hart gebraten, obige Masse darauf nebst Salz, dann gebacken (ist auf 2 Personen berechnet).

Rühreier mit Pökling

Man nimmt 2–3 Pöklinge, putzt und säubert sie gut ab und thut die Gräten rein heraus, wiegt sie auf einem Wiegebrette ganz klein und läßt dieselben in Butter ein wenig schmoren. Nun quirlt man in ein halbes Nösel Milch 4–6 Eier und 2 Löffel Mehl, schüttet dieses zu den Pöklingen, rührt es gut untereinander und bäckt einen Kuchen, wie den vorher beschriebenen, daraus.

Auf die nämliche Art bäckt man *Eierkuchen* mit *Speck* oder *kleingewiegtem Schinken*.

Eier auf Butter

Man thut etwas Butter in einen flachen Tiegel, setzt sie übers Feuer und wenn sie wie Schaum in die Höhe steigt, schlägt man 7–8 Eier hinein, bestreut sie mit Salz und läßt sie über gelindem Feuer schön gelbbraun braten.

Eier hart und weich zu kochen

Man thut Eier in kochendes Wasser, läßt sie fünf bis sechs Minuten kochen, nimmt sie dann heraus, drückt sie ein wenig und läßt sie schnell in kaltem Wasser abkühlen (sie schälen sich so viel leichter). Weich kocht man sie in zwei Minuten und sie werden mit Butter und Salz, vermittelst eines Kaffeelöffels aus der Schale gegessen. Gefärbt werden die Eier mit Zwiebeln, grünem Korn etc.

Saure Eier

Es wird gesalzenes Wasser in einem Tiegel übers Feuer gesetzt, man legt so viel Eier, als man nöthig hat, zur Hand und schlägt eins auf einmal in das kochende Wasser. Ist das Weiße am Ei hart, so nimmt man es mit dem Schaumlöffel heraus, thut es in eine Schüssel und verfährt so, bis die Eier alle sind. Nun nimmt man 1/2 Kanne Weinessig, quirlt 2 Eier und 1/2 Löffel Mehl hinein, gießt kochende Fleischbrühe oder Wasser hinzu, läßt sie unter beständigem Rühren am Feuer anziehen und richtet diese Brühe über den Eiern an. Auch kann man sie mit Zucker versüßen.

10. Fische und Krebse

Aal blau zu sieden

Dem lebenden Aal greift man mit einem leinenen Tuche hinter den Kopf, dann wird mit einem Messer hinter den Ohren die Rückengräte durchgeschnitten, so daß der Kopf daran hängen bleibt. Alsdann wird der Bauch aufgeschnitten, das Eingeweide mit der Leber und Galle herausgenommen und in beliebige Stücke geschnitten, abgewaschen und in einer Casserole oder Tiegel mit Wasser, etwas Essig, Salz, Gewürze, so daß das Flüssige darüber geht, nebst etwas Butter, welche das wahre Fundament beim Sieden aller Fische ist, übers Feuer gesetzt und kochen gelassen. Wenn er 15 Minuten langsam gekocht hat und er sich weich anfühlt, setzt man ihn bei Seite, deckt Papier darauf und läßt ihn so zugedeckt noch ein Weilchen verkühlen. Beim Anrichten belegt man ihn mit Petersilie und giebt ihn mit Essig und Citrone.

Forellen blau

Man schlägt die Forellen mit einem Messerrücken auf den Kopf, schneidet sie am Bauche auf, das Eingeweide heraus, läßt sie wieder in Wasser einige Zeit liegen, daß sie darin steif werden, dann heraus genommen, auf eine Schüssel; macht 1/4 Kanne Essig heiß, begießt die Forellen damit, so werden sie blau, mit einer Schüssel zugedeckt, dann ein Casserol mit 2 Kannen Wasser und 2 Loth (oder 2 Löffel) Salz aufs Feuer, nebst 1 Zwiebel, 2 Lorbeerblätter, 8 Pfefferkörner, 4 Nelken, wenn es kocht, gießt 1/8 Kanne kaltes Wasser zu, schüttet die Forellen mit dem Essig sogleich in das Wasser und läßt sie 4 Minuten auf dem Feuer stehen, bis es fast zum Kochen kommt, mit Papier zugedeckt, und vom Feuer weggestellt (wenig Forellen in vielem Wasser gekocht, werden schön, verlieren aber an Geschmack. NB. Das Wasser muß über die Forellen weg stehen). Giebt sie lau mit Petersilie belegt, mit Citrone und Butter servirt. Man kann die Forellen und Blaufische zeitig, auch Tags vorher abkochen; und so in dem Sod stehen lassen, dann wieder ans Feuer, daß sie lau werden. Die übrig bleiben, wieder in den Sod, und bewahrt sie einige Tage auf. Auch die Forellen nach dem Abschlachten krumm machen, das heißt den Schwanz ins Maul befestigen, und so gekocht. Wenn sie im Sieden zerreißen, wie oft geschieht, so liegt es an den Forellen, denn unter 8 Stück gerathen wohl nur 3 Stück schön, die übrigen sind verschieden zerplatzt und zerrissen. Woher diese Erscheinung? Wenn sie recht dichte an einander im Casserol beim Kochen liegen, sollen sie weniger zerreißen. Im Sommer werden sie nicht so schön blau, als im Winter, wo sie eine dikkere Haut haben; auch liegt es oftmals an dem Essig, der ihnen das sanfte Blaue nimmt oder giebt. In mehreren Gegenden siedet man die Forellen in gutem Wein, dies ist zwar nicht übel, benimmt aber vieles von der unbeschreiblichen Feinheit im Geschmack. Ich würde immer vorziehen, sie in ihrer eignen Brühe, in wenig Wasser gekocht, aufzutragen, und frische Butter und Semmel dazu geben, allenfalls eine Sauce, wenn man sie warm essen will; diese besteht aus 2 Dottern, 1/4 Kanne Forellenwasser, 1/2 Obertasse Citronensaft, 6 Loth (oder 2 Ei groß) Butter, und 1 Loth (oder 1 Löffel) Mehl, auf dem Feuer abgerührt bis zum Kochen und sogleich zu den Forellen angerichtet.

Forellen grillirt

Die Forellen geschuppt, in Salz und Essig 1/2 Stunde liegen lassen, abgetrocknet, mit Ei und Semmel bestreut, mit Butter auf dem Roste oder in der Pfanne auf beiden Seiten 1/4 Stunde gebraten, ohne Sauce.

Hecht blau mit Butter und Eiern

Man schlägt alle große Fische lebendig mit dem Messerrücken auf den Kopf, schneidet ihm den Bauch auf, Leber und Gedärme heraus, spaltet ihn der Länge nach, dann in beliebige Stücken, 4 Minuten in kaltes Wasser gelegt, 2 K. Wasser, 1 Löffel Salz, Zwiebeln, Pfeffer, Lorbeerblätter und 4 Loth (oder 1 Ei groß) Butter aufs Feuer, wenn es kocht, den Hecht hinein, das Wasser muß darüber stehen, und läßt ihn zugedeckt 4 Minuten kochen, vom Feuer gesetzt, mit Papier bedeckt, bis man ihn braucht, so werden alle Fische auf diese Weise abgekocht und zugerichtet; dann kocht 2 Eier hart, hackt sie klein auf eine Assiette nebst klarer Semmel, Petersilie, auch Tille, Pfeffer und Muskate durcheinander, den angerichteten Hecht damit bestreut, und mit Butter begießen. Auch den Hecht ganz lassen, krumm formiren, man heftet ihn mit Bindfaden durch den Kopf und Schwanz, zieht ihn so zusammen, bindet ihn fest und so abgekocht, giebt einen Teller voll klarer Butter dazu. Man kann den Hecht auch geschuppt und zerschnitten nebst Lorbeerblättern, Zwiebeln, Salz, Karbe und einigen neugelegten Eiern in der Schale 6 Minuten abkochen. Dann richte man den Fisch mit etwas Fischwasser an, sammt den geschälten Eiern, und esse beides mit roher Butter wie Erdäpfel. Auch kann man jeden großen Fisch in zwei, drei Stücken schneiden, damit er im Casserol Raum zum Kochen hat, alsdann auf die Schüssel wieder zusammen gelegt mit Petersilie angerichtet.

Eine andere Art Hecht mit Sauerkraut

Einen gespaltenen rohen Hecht aus Haut und Gräten geschnitten heißt: dem gespaltenen Fisch den Kopf ab, dann die 2 Seitenstücken, schneidet selbige mit einem Messer scharf und schräge beim Schwanze zwischen Fisch und Haut hinein und so auf dem Brette darunter hin, zieht an der Haut, so daß Fisch und Haut apart kommt, dann die 2 Stücken ohne alle Haut und Gräten abgewaschen, nach Vorschrift dann abgekocht. Schneidet ihn in Stückchen wie eine Chokoladentafel, in Eiern und Semmel umgewendet und in steigender Butter langsam gebraten, von der anderen Hälfte des Hechts macht man ein Fricassé, dann richtet man fertiges Sauerkraut (worunter auch Béchamel sein kann), auf einer Schüssel an, läßt in der Mitte einen leeren Platz, das Fricassé da hinein und den obigen gebratenen Fisch da herum, die gekochte Leber oben darauf.

Karpfen mit polnischer Brühe

Der Karpfen wird geschuppt, gespalten, in beliebige Stücke geschnitten und abgewaschen. Alsdann setzt man in einer Casserole 1 Kanne Bier und 1/2 Kanne Wasser an's Feuer, nebst 2 Zwiebeln, 1 Möhre, 1 Stück Sellerie, länglich oder in Scheibchen, wie auch 2 Lorbeerblätter, Citronenschale, gehörig Salz, Pfeffer, Neuewürze und 5–6 Nelken, läßt dies zusammen eine halbe Stunde kochen, damit die Wurzeln weich werden, legt dann das Gebündel mit dem Karpfen hinein, läßt ihn zugedeckt 10 Minuten scharf kochen, dann wird Zucker oder Syrup, etwas Pfefferkuchen und etwa 8–10 Loth Butter, sowie 1/8 Kanne Weinessig hinzugethan und noch 4 Minuten sacht kochen gelassen und dann angerichtet. Auch läßt man das Karpfenblut in Essig tröpfeln und gießt dieses zuletzt beim Kochen in die Brühe.

Ganzer Karpfen in Schmalz gebacken

Den geschuppten Karpfen auf dem Rücken aufgerissen, so daß er am Bauche beisammen bleibt, eingesalzen, abgetrocknet, dann etwas naß gemacht, über und über in Mehl gewendet und in einem großen flachen Casserol in Butterschmalz so ganz und gelb ausgebacken, dann mit einem Schaumlöffel heraus, auf Papier, hernach auf einer Serviette mit vielgebackner Petersilie angerichtet und so heiß als möglich gegessen, ohne Alles nur mit einem Löffel präsentirt.

Karpfen blau zu sieden

Der Karpfen wird geschuppt, an dem Bauche aufgeschnitten, das Eingeweide nebst Galle herausgenommen und letztere davon gethan, gespalten und in beliebige Stücke geschnitten, nicht gewaschen, auf eine Schüssel neben einander gelegt, die Schuppen nach oben, mit 1/3 Kanne heißem Weinessig begossen und so stehen gelassen, davon wird er blau. Alsdann setzt man 2 Kannen Wasser mit gehörig Salz nebst Gewürze auf's Feuer und läßt es zusammen kochen, legt dann die Stücke, wie auch das Gebündel sammt dem Essig hinein. Läßt man ihn nun vier Minuten zugedeckt kochen, so wird er in die Höhe schwimmen, setzt ihn dann vom Feuer, deckt ihn mit Papier zu, läßt ihn darin verkühlen und giebt ihn noch blau oder kalt mit Essig zu Tische.

Der übrig gebliebene Karpfen wird wieder in die Brühe gethan, wo man ihn im Winter wochenlang aufbewahren kann. Die Brühe muß aber darüber weggehen.

Gründlinge oder kleine Fische zu backen

Die Fische werden gereinigt, in Salz und Mehl umgewendet, in eine Pfanne, worin steigende Butter oder Schmalz ist, gelegt, so daß die Köpfe herauswärts liegen. Man bäckt sie auf beiden Seiten schön gelbbraun.

Heringe zu mariniren

Die Heringe müssen 24 Stunden wässern, indessen aber öfters frisches Wasser erhalten; dann wird der Bauch aufgeschnitten, die Milch herausgenommen, gehäutet und in Töpfe oder Gläser eingeschichtet, Gewürze und Kräuter dazwischen gestreut, als Pfeffer, Neuewürze, Nelken, Lorbeerblätter und Citronenscheibchen. Die Heringsmilch wird klein gewiegt, in einem Topfe mit halb Wasser und Essig recht zerquirlt, durch einen Durchschlag auf die Heringe gegossen, daß es darüber steht.

Krebse zu kochen

Die Krebse werden in einen Topf kochendes Salzwasser mit Kümmel gethan, wenn man zuvor die Schwanzfedern ausgezogen hat, so 3 Minuten kochen gelassen, dann das Wasser abgegossen.

Krebsbutter

15–20 Stück Krebse werden in Salzwasser 3 Minuten gekocht, dann abgegossen, Schwanz, Gerippe, Scheeren und Füße in einem Mörser recht klein gestoßen, ein Stück Butter in der Casserole auf's Feuer gesetzt, und wenn dieselbe anfängt zu steigen, das Gestoßene hinzugeschüttet und unter öfterem Umrühren so lange braten gelassen, bis die Butter roth wird. Alsdann wird kochendes Wasser dazu gegossen und aufkochen gelassen, dann durch ein Sieb in ein Geschirr gegossen und das Gestoßene noch mit kochendem Wasser gut durchgespült, so daß alle Butter losgeht. Erkaltet nimmt man sie herunter und verwendet sie zum Gebrauch.

11. Salate

Selleriesalat

Der Sellerie wird abgeputzt, in Wasser ab- oder weichgekocht, in Scheiben geschnitten, mit Essig und Oel begossen und angerichtet, auch mit grünen Sellerieblättern oder Rhapuntchen belegt und mit Pfeffer bestreut. – Auf diese Weise bereitet man auch *Rhapuntikasalat.*

Staudensalat

Der Staudensalat wird gelesen, rein abgewaschen, in eine Schüssel mit Essig, Oel, Salz und nach Belieben auch klein geschnittenen Zwiebeln oder Schnittlauch gethan und Alles gut unter einander gemengt.

Bohnensalat

Man nimmt schöne junge Bohnen, putzt sie, schneidet oder bricht sie in schräge Stückchen und kocht sie in Salzwasser weich; alsdann wird das Wasser durch einen Durchschlag rein ab- und Essig darüber gegossen, läßt sie kalt werden und streut beim Anrichten Oel und Pfeffer darüber.

Kartoffelsalat

Gekochte warme Kartoffeln werden in Scheiben geschnitten, gesalzen, mit Essig und einer fein geschnittenen Zwiebel gut untermengt und mit Provenceröl und Pfeffer angerichtet. Man kann auch noch Verschiedenes hineinmischen, als: Schnittlauch, Sardellen und Gurken, auch mit Kalbsbraten belegen.

Aepfelsalat mit Hering

Mürbe Aepfel werden geschält, würflich oder länglich geschnitten, in ein Geschirr gethan, mit Essig, Provenceröl, Zwiebel, Zucker, Salz und Pfeffer untermengt und einige Stunden stehen gelassen. Alsdann schneidet man 2 Heringe in beliebige Stücke darunter.

Krautsalat

Man macht von dem Kraut die schmutzigen Blätter ab, schneidet alsdann die Krautköpfe halb auseinander und schneidet es auf dem Hobel ganz fein, vermengt es mit Salz und klopft es mit einem hölzernen Teller gut. Hierauf wird Speck kleinwürflich geschnitten, läßt ihn zerschmelzen und gießt Essig dazu. Wenn er siedet, wird das gesalzene Kraut damit abgebrüht, bedeckt es und läßt es stehen. Alsdann gießt man den Essig wieder ab, siedet ihn wieder auf und wiederholt das Abbrühen noch einige Male.

Warmer Krautsalat

Das gescherbte oder gehobelte Kraut wird gehörig mit Salz vermengt. Alsdann wird Butter oder Speck in einer Casserole geschwitzt, das Kraut hinein gethan, die Casserole zugedeckt und unter beständigem Umrühren ein bis zwei Stunden langsam dünsten gelassen, bis es weich ist. Hierauf wird in einen Topf 1 Ei, 1 Eßlöffel Mehl und 1/3 Kanne Essig gequirlt und dies über das Kraut gegossen, dann werden länglich geschnittene Pflaumen oder Weinbeeren dazu gethan und zusammen am Feuer noch ein Weilchen dämpfen gelassen, bestreut es mit Zucker, rührt es um und läßt es bis zum Anrichten zugedeckt. Man muß das Kraut gleich von Anfang an fleißig umrühren, sonst brennt es leicht an.

Gurkensalat

Die Gurken werden geschält, in dünne Scheibchen gehobelt, mit Salz bestreut, eine Stunde stehen gelassen, dann das Wasser abgegossen, mit Essig gut untermengt, mit Provenceröl angerichtet und mit viel Pfeffer bestreut, wodurch sie leicht verdaulich werden, auch mit gekochten Eidottern belegt.

12. Pudding und allerhand Gefülltes

Griespudding

Man kocht von 3 Nöseln Milch und 1/2 Pfund Weizengries
einen Brei, der aber nicht klumpig sein darf, rührt dann ein
Viertelstückchen Butter zu Rahm, schlägt 6–8 Eidotter und
thut abgeriebene Citronenschale und Zucker nach Belieben

dazu. Hierauf rührt man den abgekühlten Brei darunter, thut zuletzt das zu Schnee geschlagene Eiweiß dazu und läßt Alles zusammen in einer Form backen, wenn man zuvor die Form mit Butter ausgestrichen und mit geriebener Semmel bestreut hat. Auf diese Weise bereitet man auch *Reispudding.*

Kartoffelpudding

Gekochte und kalt gewordene Kartoffeln werden gerieben, die dazu bestimmte Butter zu Sahne gerührt, Eier, Zucker und abgeriebene Citronenschale, sowie ein wenig Salz dazu gethan und Alles recht tüchtig unter einander gerührt, und so fortgefahren, nachdem schon die Kartoffeln und etwas geriebene Semmel dazu gekommen sind. Die Masse zu diesem Pudding muß recht dick eingerührt und ja das Hinzugießen aller Flüssigkeiten dabei vermieden werden, indem sonst der Pudding nicht zusammen hält. Derselbe muß eine Stunde backen und wird alsdann angerichtet. Man kann ihn auch mit einer Milch oder Obstsauce, oder auch blos mit zerlassener Butter anrichten.

Griefet von Aepfeln

Rührt 1/4 Pfund Butter und 8 Löffel fertiges Aepfelmus durcheinander, Zucker, kleine Rosinen, 4 Loth (oder 8 Löffel) geriebene Semmel und von 4 Eiern den Schnee, in einer mit Semmel ausgestreuten Form 1 1/2 Stunde gebacken, und mit Weinsauce gegeben.

Pfannenfülle von Kirschen

Man nimmt 3–5 Schock saure Kirschen, je nachdem sie groß oder klein sind, beert sie ab und mischt eine gute Quantität klaren Zucker den Abend zuvor darunter. Am Tage darauf weicht man für 1 Groschen Semmel in 2 Kannen Milch ein; hat sie genug geweicht, so schlägt man 6–8 Eier und 2 Eßlöffel Mehl dazu, quirlt Alles gut zusammen, doch so, daß von der Semmel kleine Stückchen bleiben und thut noch ein wenig Salz, gestoßenen Zimmet und Kardamomen dazu. Hierauf nimmt man 6 Loth Butter, klebt damit die Pfanne gut aus, schüttet die eingezuckerten Kirschen zu der eingequirlten Milch, rührt es mit einem Rührlöffel noch gut unter einander, schüttet es dann in die mit Butter ausgeklebte Pfanne und setzt es in den heißen Brat- oder Backofen. Wenn die Fülle schön gelbbraun ist, dann muß sie herausgenommen werden. Man läßt sie ein wenig verkühlen, ehe man sie anschneidet und streut beim Auftragen noch Zucker und Zimmet darüber.

Pfannenfülle von Birnen

12–18 gute Kochbirnen (nach Verhältnis ihrer Größe) werden geschält und, wenn man zuvor die Kriebse herausgenommen, in beliebige Stückchen geschnitten. Nun klebt man eine Bratpfanne gut mit Butter aus, thut die zerschnittenen Birnen in dieselbe, setzt sie in den Bratofen und läßt sie erst für sich allein ein wenig anbraten; dann quirlt man die nämliche Fülle, wie bei den Kirschen, ein, schüttet sie über die Birnen und läßt sie schön gelb backen. Zuletzt streut man Zucker und Zimmet darüber.

Auf die nämliche Art macht man die *Fülle von Borsdorfer Aepfeln* und *Fülle von Pflaumen*, nur müssen bei diesen zuvor die Kerne herausgeschnitten werden. Die Fülle kann man überhaupt dann am besten backen, wenn man den Braten aus dem Backofen genommen hat; sollte der Ofen nicht noch so viel Hitze haben, so giebt man ihm noch etwas Feuer.

Mehlspeise von Chocolade

Man rührt 6 Loth Butter mit 4 Dottern und 4 Loth Zucker gut ab; dann werden 11 Loth Semmel in 1/4 Kanne gute Milch geweicht, wieder ausgedrückt und zerrieben. Nun wird der Schnee von den Eiern nebst 4 Loth geriebener Chocolade dazu gethan und in einer mit Butter ausgestrichenen Form, welche auch noch mit schwarzem geriebenen Brote ausgestreut ist, bei wenig Hitze eine Stunde gebacken und mit einer Chocoladensauce gegeben.

Mehlspeise von Kartoffeln
und kleinen Rosinen

8 Loth Butter werden mit 4 Eiern gut durchgerührt, thut 5 Loth Zucker, Citronensaft, 15 Loth geriebene Kartoffeln (welche aber Tags vorher abgekocht werden müssen) und 4 Loth kleine Rosinen dazu und bäckt dies in einer Form, welche man zuvor mit Butter ausgestrichen, bei wenig Hitze eine Stunde. Man kann auch 3–4 Loth gestoßene und einige bittere Mandeln darunter rühren.

Mehlspeise von frischem Quark

Auf 1/2 Pfund Semmel in Scheiben ohne das Braune, wird 1/2 Kanne heißer Rohm gegossen, läßt es weichen, dann mit 6 Loth (oder 1 Ei groß) Butter abgebrennt, 1 Teller voll neuen, durchstrichenen Quark dazu, etwas geriebene Semmel, Zucker, Citronenschale, Zimmet, Nelken, Mandeln (und 6 bittere), auch Rosinen, 6 Eier dazu, 1/8 Kanne Rohm, gut durchrührt, dann in einer Form 1 1/2 Stunde gebacken und mit Syrup begossen.

Mehlspeise von grobem Weizengries

1 Kanne Rahm oder gute Milch wird mit 6 Loth Zucker und 8 Loth Butter über's Feuer gesetzt. Sobald es kocht, thut man 1/2 Pfund von dem Weizengries unter stetem Rühren hinein und läßt es 1/4 Stunde ausquellen. Alsdann schlägt man noch 5 Eier dazu, etwas Citronensaft und 4 Loth gewiegte Mandeln, bäckt es in einer Form, die aber zuvor mit Butter ausgestrichen werden muß, bei wenig Hitze 1–1 1/2 Stunden.

Mehlspeise von Semmel und Obst

Semmelscheiben in Butter etwas geröstet, eine Schicht davon in die gut ausgeschmierte Form oder tiefe Schüssel gelegt, mit Aepfelscheiben belegt, wieder solche Semmel, Zucker und Aepfel untermengt mit Rosinen, Mandeln und Citronat; dann mit einem Guß (auch von sauerm Rohm) daß es darüber steht, 2 Stunden gebacken, dann dick mit Zucker bestreut, mit 1/2 Obertasse Arak begossen, sogleich mit brennendem Papier angezündet und abbrennen lassen, auch kalt gegeben. So auch von Birnen, Aprikosen, Pflaumen, Kirschen, Johannisbeeren.

Guß, zu Mehlspeisen, besteht aus 1/2 Kanne Rohm und 4 Eiern, in einem Topfe zerquirlt, dazu 4 Loth oder 1 Obertasse zerlaßne Butter, 1 Löffel Zucker, etwas Zimmet, Citronenschale (nie Mehl dazu), dann nach Vorschrift. Wenn man rechten fetten Rohm nimmt, kann man die Butter ersparen. Ferner kann man diesem Guß einen Carmelgeschmack geben, nämlich man thut 2 Loth oder 2 Löffel Zucker, 1/2 Obertasse Wasser in ein Casserol auf's Feuer, rührt es, bis es kastanienbraun aussieht, dann gießt man sogleich 1/2 Kanne Milch dazu und läßt es los und braun kochen, so nimmt man die gelbe Milch zu einem Guß; zu Aepfelmehlspeisen ist es sehr zu empfehlen.

13. Eingemachte Gemüse und Früchte

Eingesalzene grüne Bohnen

Hierzu werden ganz junge Bohnen genommen. Man zieht die Fasern rein ab, schneidet sie, wie gewöhnlich, fein schieferig und schüttet sie einstweilen in ein Faß. Auf eine Wasserkanne voll geschnittener Bohnen kann man immer vier Hände voll

Salz rechnen. Wenn nun die Bohnen recht mit Salz untermengt sind, so werden sie immer nach und nach in die dazu bestimmten Fäßchen so derb wie möglich gelegt, wer will, kann auch Pfefferkraut und Estragon dazwischen thun, die Fäßchen gut zugespündet und so an einem frischen Orte aufbewahrt. Sobald sie nun eingekocht werden sollen, müssen sie am Abend zuvor einige Male abgewaschen und in frisches Wasser gelegt werden. Den Tag darauf kocht man sie mit Wasser halb weich, gießt dann das Wasser wieder weg und kocht sie in guter, nicht zu sehr gesalzener Fleischbrühe vollends gar.

Gurken in Salzwasser

Man nimmt schöne grüne Gurken von mittlerer Größe, welche nicht gelbfleckig sind, legt sie in frisches Wasser, wäscht sie rein ab und läßt sie wieder rein ablaufen. Hierauf werden sie schichtweise in einen steinernen Topf oder in ein Fäßchen gethan, dazwischen legt man etwas fein geschnittene Tille, saures Kirschlaub, etwas Pfefferkraut und etwas Fenchel. Nun rührt man in eine Wasserkanne voll Brunnenwasser so viel Salz, daß es wie eine versalzene Suppe schmeckt, gießt es auf die Gurken, daß es über diese steht und beschwert es dann durch einen hölzernen Deckel mit einigen Steinen oder spündet es zu. Sollen sie schnell gut werden, so stellt man sie an einen warmen Ort.

Pfeffergurken

Hierzu werden kleine, saubere Gurken ausgesucht, rein abgewaschen und schichtweise mit Estragon, Fenchel, Pfefferkraut, einigen Lorbeerblättern, etwas gestoßenem Pfeffer und Salz in einen steinernen Topf oder in ein Fäßchen gelegt. Hierauf kocht man guten Essig in einem reinlichen Topfe, schäumt ihn gut ab, gießt ihn auf die Gurken, daß er darüber geht und läßt sie einige Tage stehen. Nun wird der Essig wieder abgegossen, macht ihn nochmals heiß und gießt ihn abermals darüber. Dies wiederholt man einige Male, läßt sie alsdann kalt werden, spündet dann die Fäßchen oder bindet die Töpfe gehörig zu und stellt sie dann an einen kühlen Ort.

Senfgurken

Große reife Gurken werden geschält, in vier Theile geschnitten, mit einem Löffel die Kerne herausgemacht, gut eingesalzen und eine Nacht stehen gelassen. Dann werden sie gut abgetrocknet, in einen Topf gelegt und kochender Weinessig darüber gegossen. Nach 3 bis 4 Tagen kocht man denselben Essig wieder auf, legt die Gurken schichtweise mit ganzen Nelken, Pfefferkörnern, Knoblauch, in Scheiben geschnittenem Meerrettich, Lorbeerblättern, Estragon, Ingwer und ganzem Senf in den Topf, gießt dann den kochenden Essig darüber, daß die Gurken damit bedeckt sind und bindet den Topf gut zu.

Auf die nämliche Art werden *grüne Bohnen* eingelegt. Kleine Zwiebeln und rothe Rüben werden in Essig gelegt.

Rothe Rüben in Essig gelegt

20 Stück mittlere rothe Rüben weich gekocht (oder in einer Röhre, so trocken wie man Aepfel bratet, weich werden lassen), dann gereinigt, schneidet sie so, daß ein Ende so dick ist wie das andere, in einen Topf, streuet eine Obertasse roh geschnittnen Meerrettich dazwischen, wie auch Karbe, 1 Kanne kochenden Weinessig und das Rübenwasser nebst Salz darüber gegossen. Die Art, sie so ganz einzulegen, ist besser, als in

Scheiben, sie bleiben viel röther und man kann sie dann schneiden wie man will.

Pflaumen einzumachen

Hierzu nimmt man schöne reife Pflaumen, wäscht sie ab, sticht hin und wieder mit der Gabel Löcher hinein und legt sie in ein Gefäß. Alsdann siedet man 2 Pfund Zucker, etwas Zimmet und Nelken in einer Kanne Weinessig, gießt ihn heiß über die Pflaumen und läßt sie so 24 Stunden stehen. Alsdann wird der Weinessig wieder abgegossen, noch einmal eingesotten und kochend darüber gethan. So läßt man sie wieder 24 Stunden stehen, dann kocht man Alles zusammen einmal auf, läßt es erkalten und stellt es gut verwahrt in einen Keller.

Preiselbeeren einzumachen

Man setzt eine Casserole voll solcher Beeren auf gelindes Feuer, daß sie allmählig kochen und Saft ziehen. Alsdann thut man sie, steif eingekocht, in einen Steintopf und bindet diesen nach völligem Erkalten der Beeren fest zu. Die zu einer Mahlzeit nöthige Portion wird dann jedesmal vor dem Essen mit Zucker und Zimmet nach Belieben versüßt. Auch können sie mit dickem Rahme oder Wein, wenn man sie gebrauchen will, verdünnt werden.

Kirschen in Essig

Man schneidet von reifen sauren Kirschen die Stiele halb ab, schichtet sie dann mit Zimmet und Nelken in Gläser oder Töpfe ein, siedet, wie bei den Pflaumen, den Weinessig und Zucker auf und gießt ihn heiß über die Kirschen, so daß der

Essig darüber steht. Nach 24 Stunden kocht man diesen Essig von Neuem auf nebst etwas Zucker, und gießt ihn verkühlt auf die Kirschen, worauf man sie, gut verbunden, an einen kühlen Ort stellt.

Aepfelsaft

Man schneidet 16 gewaschne Aepfel in einen Topf 3/4 voll, mit Wasser 1/2 Stunde gekocht, gießt das Wasser klar in ein Casserol, nebst 1/2 Pfund Zucker, 1 Stunde sachte eingekocht, so wird es röthlich und dicklich bis zum Gelé, auch wohl noch Zucker dazu, dann in Gläser gegossen. Wenn es kalt ist, so wird es Gallert sein, dann kann man es mit dem Löffel heraus nehmen und zum Dessert, oder auf Torten und zu Mehlspeisen geben, dann die obige Aepfelmasse noch durch ein Sieb gestrichen, zu Mus mit Zucker eingekocht und zu Mehlspeisen und Torten gegeben. So macht man es von Birnen, Quitten, Melonen, Ananas, Möhren, Mispeln, Aprikosen und Pfirsichen, jedes nach seiner Art.

14. Warme und kalte Getränke

Limonade

Dieses im Sommer so sehr erquickende Getränk wird sehr leicht bereitet, wie folgt: Zu 1/2 Kanne kaltem Wasser wird der Saft einer Citrone oder Citronenscheiben, sowie Zucker nach

Belieben, auch etwas weißer Wein genommen. Wer will, kann dieses auch noch durch ein feines Sieb gießen.

Necos

Man setzt eine Kanne rothen Wein mit etwas ganzem Zimmet und ganzen Nelken, zusammen ein halbes Loth, ein wenig Muskate und 10 Loth Zucker auf's Feuer, läßt es langsam und zugedeckt bis zum Kochen werden, gießt es dann durch ein reines Tuch und giebt es heiß.

Grog

Gieße ein Theil Rum oder Arac, dann drei Theile kochendes Wasser in Gläser und süße es nach Belieben.

Bischof

2 Stück Pommeranzen werden gestochen und in einem töpfernen Casserol auf Kohlen oder in der Röhre unter stetem Umdrehen braunfleckig gebraten. Alsdann schneidet man sie in Viertel, thut sie nebst Zimmet, Nelken und 1/2 Pfund Zucker in eine Terrine, gießt eine Flasche rothen Wein darüber und läßt es zugedeckt unter öfterem Umrühren 8 Tage stehen. Alsdann wird Alles durch ein leinenes Tuch gedrückt und gebraucht.

Am schnellsten bereitet man ihn aus Essenz.

Cardinal

wird wie der Bischof bereitet, nur nimmt man statt des rothen weißen Wein.

Warmbier

Man setzt 1/2 Kanne Milch und 1 Kanne Bier, jedes allein, auf's oder an's Feuer und läßt es kochen, dann quirlt man drei Eidotter und ein Paar Messerspitzen Mehl in ein wenig kaltes Wasser oder Milch. Sobald nun die Milch und das Bier kocht, gießt man unter stetem Quirlen das Eingequirlte zu der kochenden Milch, alsdann das Bier dazu und läßt es zusammen mit Butter, Salz, Zucker und Zimmet unter beständigem Quirlen ein wenig wieder anziehen. Ehe das Bier zu kochen anfängt, muß es gut abgeschäumt werden.

Glühwein

4 Dotter, 2 Messerspitzen Mehl, 1/8 Kanne Milch wird in einem Kannentopfe zerquirlt; dann gießt man 1/2 Kanne kochenden Wein dazu und läßt es aufkochen, schmeckt es mit 6 Loth Zukker, Zimmet und Citronenschale ab und trinkt es recht heiß. Auf die nämliche Art bereitet man: *Glühendes Weißbier*, auch *Gose.*

Punsch

Lege in eine Terrine 1 Pfund Zucker, gieße 2 Kannen kochendes Wasser darüber und gieb den Saft von 2 Citronen und 1/2 Kanne Rum dazu. Wer es liebt, kann die Schale von 1 Citrone auf dem Zucker abreiben und das Wasser erst mit etwas Thee durchziehen lassen.

Eierpunsch

Man nimmt zu 1/2 Kanne Arac 1/2 Kanne Wein, eben so viel Wasser, thut 1 Pfund Zucker, 10–12 Eier, den Saft von 4 und die abgeriebene Schale von 2 Citronen hinzu, setzt Alles in einem Kessel oder Topf über Kohlenfeuer und schlägt es so lange, bis es schäumt, gieb ihn in Gläsern und trinke ihn recht heiß.

Wasser-Chocolade

Man thut 1/4 Pfund geriebene Chocolade in eine Kanne, gießt 4 Tassen warmes Wasser darauf, setzt es auf Kohlenfeuer und fängt sogleich stark an zu quirlen. Sobald es Schaum hat, wird derselbe mit einem Löffel nach und nach in die Tassen gethan, setzt dann die Kanne wieder auf's Feuer, läßt die Chocolade völlig kochen und gießt alsdann die kochende Chocolade in die Tassen.

Milch-Chocolade

Auf 1 Kanne Milch nimmt man ein Viertelpfund Chocolade und 3 Eidotter. Die Chocolade wird gerieben, in die kochende Milch gethan, und wenn sie ein wenig gekocht hat, mit den Eidottern abgequirlt.

Himbeeressig zu fertigen

Auf 4 Kannen Himbeeren gießt man 1/2 Kanne reinen Weinessig und 1 Kanne Wasser, läßt es eine Nacht so stehen, dann zusammen aufkochen, wenn es kalt ist, durch ein Sieb gegossen, zu 1/2 Kanne solchen Saft 3/4 Pfund Zucker, kocht es zusammen auf und ausgeschäumt, verkühlt, in Flaschen gefüllt und aufgehoben; auch weißen Landwein statt des Essigs und ist fast noch besser. Einige Löffel von diesem Safte in ein Glas Wasser gethan, giebt ein sehr kühlendes Getränk.

15. Verschiedene Backwerke

Brot zu backen

Wenn man Brot backen will, so setzt man das Mehl den Abend zuvor in einem Backtroge in die warme Stube nahe am Ofen, dann theilt man es in der Mitte von einander, nimmt zu 4 Metzen Roggenmehl für 1 Groschen Sauerteig und ungefähr 3 Kannen warmes Wasser und säuert die Hälfte des Mehls ein. Das Wasser muß gerade so warm sein, daß man einen Finger darin leiden kann; beim Einsäuern muß man den Sauerteig gleich recht mit untereinander mengen, so daß Alles wie ein dicker Brei wird. Nun deckt man eine Decke über den Backtrog und über dieselbe noch das Backtuch. Am Morgen darauf knetet man die andere Hälfte des Mehls noch zu dem gesäuerten

Teig, nimmt wieder zwei Kannen warmes Wasser und arbeitet ihn so recht unter einander. Man muß wohl Acht geben, daß man nicht zu viel Wasser dazu gießt und deshalb darauf sehen, daß immer noch vorräthig Mehl da ist, um dem Teige seine gehörige Festigkeit geben zu können. Nun läßt man ihn 1 bis 2 Stunden am warmen Ofen stehen und schickt ihn dann zum Bäcker, wo er vollends ausgewirkt und in Brote abgetheilt wird, die dann im Backofen gut gebacken werden.

Stollen (Wecken)

Zu 2 Metzen gutem Weizenmehl nimmt man 4 Kannen gute Milch, 4 Pfund Butter, 2 Nösel gute Weißbierhefen, (oder 1/2 Pfund Stückhefen), 2 Pfund große und 2 Pfund kleine Rosinen, 1/4 Pfund geschnittene Mandeln, 1 Loth gestoßene Muskatenblume, etwas Salz und 2 Pfund gestoßenen Zucker, auch das Abgeriebene von 2 Citronen. Die kleinen Rosinen müssen einige Male gewaschen werden, und zwar so lange, bis das Wasser hell bleibt, dann trocknet man sie mit einer Serviette gut ab und liest sie recht fein. Die großen Rosinen werden blos mit einem trocknen Tuche abgerieben und rein gelesen.

Sollen nun die Stollen zu einer bestimmten Stunde gebacken werden, so muß man alles dazu Gehörige zurecht gemacht haben, auch das Mehl zuvor in die Stube nahe am warmen Ofen setzen, damit es nicht kalt ist, wenn es gebraucht wird. Alsdann wird das Mehl durchgesiebt, in die Backmulde (Backtrog) gethan, in der Mitte des Mehls eine Höhlung gemacht, gießt in diese Höhlung zuerst die Hefen, die aber kalt sein müssen, und vermengt sie mit etwas Mehl; dann schüttet man die zerlassene Butter, der Bodensatz muß zurückbleiben, die Rosinen, Mandeln, und was sonst noch dazu gehört, über den Teig her, arbeitet Alles recht durcheinander, und zwar so lange, bis der Teig anfängt, sich von den Händen abzulösen. Nun breitet man in einen Korb ein weißes Tuch, bestreut es gut mit Mehl, legt den Teig hinein und setzt ihn an den warmen Ofen und läßt ihn so lange gehen, bis er zum Bäcker getragen wird. Sobald die Stollen aus dem Backofen kommen, streut man, nachdem man sie mit Butter bestrichen, Zucker und Zimmet darauf, besprengt sie wohl auch mit Rosenwasser.

Bäbe oder Asch-, auch Dickkuchen

Man bereitet den Teig dazu auf die nämliche Art, wie bei den Stollen, nur nimmt man etwas mehr Milch zum Einmachen, damit der Teig nicht so fest wie jener wird.

Pfannkuchen

Ein Pfund feines trockenes Mehl in ein Geschirr gethan, 4 Eßlöffel dicke Hefen oder 2 Loth Stückhefen mit 1 Kanne warmer Milch in einem Topf zusammen gequirlt, den dritten Theil von Mehl damit angerührt und an einem warmen Orte aufgehen lassen. Indessen 9 Loth zerweichter Butter und 6 Eidotter schaumig gerührt, dieses nebst 4 Loth Zucker, das Abgeriebene von einer Citrone, etwas Muskatenblume zu dem Mehl gethan und zu einem lockeren Teig gemacht. Dieser Teig wird auf einer Kuchenschiebe dick oder dünn ausgetrieben, an den vordern Rand etwas Eingemachtes oder Pflaumenmuß mit einem Löffel gesetzt, nun schlägt man den Teig über das Gefüllte weg und schneidet mit einem Rädchen die Pfannkuchen ab, legt sie auf ein Brett, welches mit mehlbestreutem Papier belegt ist, läßt sie an einem warmen Orte aufgehen und dann in heißem Schmalz schön gelbbraun backen. Wenn sie gebakken sind, werden sie heiß mit Zucker und Zimmet bestreut.

Windbeutel

Man quirlt in ein halbes Nösel Milch fünf Löffel gutes Weizenmehl, vier Eier, etwas Zucker und drei Löffel Butter. Gießt dieses dann in kleine Formen, in welche man zuvor etwas Butter gegossen hat, und bäckt es. Sollten sie oben nicht genug braun werden, so wendet man sie um.

Quarkkeulchen

1/2 Pfund Mehl in eine Schüssel, rührt 4 Löffel Rohm, 2 Loth Zucker, Citronenschale, 2 Eier, kleine Rosinen und 4 Loth (oder 1 Ei groß) zerweichte Butter recht durcheinander, alsdann 1/2 Pfund neuen Quark dazu, macht 3 Zoll lange daumdicke Würstchen davon, setzt sie auf ein Brett und läßt sie etwas aufgehn, dann gleich in Schmalz langsam ausgebacken, mit Zucker und Zimmet angerichtet.

Quarkkuchen (auch Osterfladen)

Man rühre frischen Quark mit einem Rührlöffel klar und geschmeidig; dann wird Eier, Zucker, Zimmet, Safran, Muskate, große und kleine Rosinen darunter gerührt. Die Masse wird fingerdick auf einen Kuchen von Hefenteig mit Ei gestrichen und eine halbe Stunde gebacken.

Aepfelkuchen

Die Aepfel werden klein würflich oder in Scheiben geschnitten und von Hefenteig ein Kuchen gemacht, dann mit Butter bestrichen und mit den Aepfeln belegt, eine Stunde gebacken und mit Zucker und Zimmet bestreut.

Pflaumenkuchen

Man mache einen Kuchen von Hefenteig mit einem hohen Rand, bestreut ihn mit Semmel oder Zwieback, belegt ihn mit halben frischen Pflaumen mit Zucker untermengt (auch mit Semmel oder Gries bestreut) und bäckt ihn eine Stunde. Er wird mit viel Zucker oder Zimmet bestreut und kalt oder warm gegessen. Eben so bäckt man *Heidel-, Johannis- und Stachelbeerkuchen*.

Polze oder Faustmauke

Ein Zweikannentopf mit drei Viertel voll roh geschälter und in Stückchen geschnittener Kartoffeln wird mit Wasser und Salz ans Feuer gesetzt. Wenn sie weich gekocht sind, wird das Wasser ab- und 1/4 Mäßchen Mehl darauf gedrückt. Man sticht nun mit einem hölzernen Löffel 2 bis 3 Oeffnungen durch das Mehl bis an den Boden, gießt von dem abgegossenen Wasser die Oeffnungen wieder voll und läßt es noch ein wenig am Feuer stehen, jedoch ohne zu rühren. Wenn es 2 Minuten gestanden hat, wird der Topf vom Feuer auf den Küchentisch gesetzt und mit einem hölzernen Löffel Alles gut durcheinander gearbeitet, so daß es eine derbe Masse wird. Von diesem Klumpen wird etwas herausgenommen und mit dem Löffel in kleine Stücke, so groß wie ein halbes Ei, gerissen, in die Schüssel gethan, mit viel gebratenem Speck begossen und recht warm gegessen. Auch kann man von dem abgegossenen Wasser, worin die Kartoffeln gekocht sind, ein wenig zu dem zerlassenen Speck gießen.

Rosenbrötchen

Man sammelt eine Schüssel voll frische aufgeblühte Rosenblätter, schneidet sie mit einem Wiegemesser recht fein, dann thut man sie in ein Geschirr mit so viel Weizenmehl, etwas Salz und Wasser, daß es wie Nudelteig wird, macht davon kleine Brötchen, wie eine Pfennigsemmel groß. Diese Brötchen werden mit der Hand etwas breit gedrückt, auf ein Blech oder Papier gelegt und in einem Brat- oder Backofen gebacken, bis sie hart und trocken sind. Beim Gebrauch reibt man sie auf einem Reibeisen, läßt es in Milch auf gelindem Feuer aufkochen und würzt es nach Belieben mit Zucker und Zimmet. Auch werden sie im Mörser gestoßen, das Gestoßene in Gläsern aufbewahrt und so verwahrt.

Plinzen

Es wird 1/2 Pfund Mehl genommen; ferner werden 5 Eier in 1/2 Nösel Milch, 2 Eßlöffel dicke Hefen, Salz, Muskatenblumen unter einander gequirlt, auch nach Belieben kleine Rosinen, und Alles zu einem mehr dünnen als dicken Teig zusammengerührt. Nun stellt man es an einen warmen Ort und läßt es aufgehen; alsdann wird Butter in die Plinzenpfanne über Kohlenfeuer gesetzt; sobald sie anfängt zu bräunen, wird eine Obertasse von der Plinzenmasse hinein gegossen und rasch gebacken. Wenn sie auf einer Seite gut sind, muß man sie sogleich umwenden und, nachdem sie herausgenommen worden, mit etwas Zucker und Zimmet bestreuen. Auch muß man während des Backens den Tiegel umrütteln, daß sich die Plinzen nicht anlegen.

Arme Ritter

Man schneidet Mund- oder Zeilensemmel, auch wohl Zwieback, in 1/2 Zoll dicke Scheiben, legt sie breit auf eine Schüssel, quirlt 3 Eier in 1/4 Kanne Rahm oder Milch und begießt damit die in Scheiben geschnittene Semmel, daß sie gut durchweicht, aber nicht zerfällt. Sodann wird dies in Butter auf beiden Sei-

ten schön gelbbraun gebacken, auch vorher mit fein gestoße-
ner Semmel oder Zwieback, dann mit Zimmet und Zucker bestreut und gleich so warm gegessen.

Omeletts

6 Eier werden in 1/4 Kanne guter Milch zerquirlt, nebst etwas
Zucker und 4 Eßlöffel gutes Weizenmehl, dann Butter in der
Eierkuchenpfanne zerlassen und 4 Eßlöffel von der Masse hinein gethan und gebacken. Wenn es unten braun und fest wird,
wird es gewendet, noch etwas Butter hinzugethan und so gut
gebacken. Alsdann die Omeletten mit Zucker und Zimmet bestreut, zusammen gerollt und gleich zu Tische gegeben.

Nachwort

»Die kleine sächsische Köchin« gehört nicht zu den prächtig illustrierten Werken der großen Kochkunst. Es ist eines der für den praktischen Gebrauch in der Küche gedachten kleinen, handlichen Bücher. Wie gut der Autorin Henriette Saalbach gelungen ist, solch einen unmittelbar nutzbaren Helfer für die Küchenarbeit zu verfassen, beweisen die vielen Auflagen, die dieses Buch erreichte. Mit ihm wird für uns die Zeit sichtbar, in der sich nach 1800 auch auf dem Gebiet von Küche und Tafel das Bürgertum seinen eigenen Lebensstil schuf. In der ersten Hälfte des vergangenen Jahrhunderts erschienen so zunehmend Kochbücher für die bürgerliche Küche, deren Autoren Frauen waren. Diese Bücher sind fast immer regional orientiert und geben sich als sächsische, Mecklenburger, Thüringer, aber auch Berliner, Hamburger, Leipziger Kochbücher.

Empfehlungen der sächsischen Köchin oder des sächsischen Kochs werden meist nicht mit der Erwartung, mit dieser kulinarischen Hochstimmung aufgenommen wie etwa die der französischen Köchin oder des französischen Kochs. Von diesen erwartet man ausgeklügelte Raffinessen für den Gaumen, ihnen geht der Ruf voraus, prickelnd-aufregende Kunstwerke der Küche zu schaffen. Sie sind die Favoriten der Feinschmekker. Wie anders sieht es für die aus, die aus Sachsen sind. Sie reiht man in die Kategorie »sächsische Gemütlichkeit« ein und erwartet nichts Aufregendes und Aufreizendes aus Topf und Pfanne. Allerdings sollte schon der Begriff Gemütlichkeit aufhorchen lassen, denn Gemütlichkeit und Gemüt gehören zusammen. Das Gemüt wird auch als »Verstand der Seele« bezeichnet. Wer diesen Verstand hat, weiß sicher sein Leben gut einzurichten.

So ist auch mehr an der sächsischen Küche, als man allgemein annimmt. Daß sie außerhalb Sachsens wenig bekannt ist, liegt vielleicht daran, daß die Sachsen, auch auf kulinarischem Gebiet, um einen neuzeitlichen Begriff zu gebrauchen, Insider waren. Sie machten nicht viel Aufhebens, sie packten zu, wo es notwendig war und kamen darüber gar nicht dazu, ihren Ruhm zu verkünden. So ist es auch mit der Propagierung der sächsischen Küche gewesen. Zwar genießt der sächsische Kuchen einen guten Ruf. Man spricht auch von den »Kaffeesachsen«. Dresdner Stolle ist weltberühmt und wird als traditionelles Weihnachtsgebäck in viele Lande verschickt. Den »Bliemchengaffee« haben Mißgünstige den Sachsen angedichtet. Der Kenner weiß, daß Kaffee und Kuchen hier traditionell gut sind.

Was hat die sächsische Küche aber der kulinarischen Landschaft beigesteuert? Sucht man weithin bekannte Gerichte, so findet man wenig. Leipziger Allerlei wird heute vielerorts für Erzeugnisse als Bezeichnung verwendet, die eigentlich nichts mit dieser Köstlichkeit gemein haben. Viele pappige Mischgemüse mit fadem Geschmack segeln unter dieser Flagge. »Leipziger Allerlei« heute in seiner ursprünglichen Form herstellen zu wollen, ist zwar aufwendige kulinarische Denkmalspflege, aber lohnenswert. In früheren Zeiten begann die »Allerleizeit« im Mai mit den ersten zarten Gemüsen und endete im September/Oktober. Es waren die Gemüse der Jahreszeit, die frisch und ohne lange Umwege in die Küche kamen. Karotten – wo gibt es die heute noch? –, junge Kohlrabi, Spargel, Blumenkohl, Schoten, jedes für sich sorgsam gedünstet, wurden zu einem farbenfrohen Bukett auf dem Teller arrangiert. Dazu kam als Garnierung eine Umlage von frisch gekochten Krebsschwänzen, die diese Farbenpracht noch bereicherten und mit ihrem delikaten aromatisch-nußartigen Geschmack gut zu den zarten Gemüsen paßten. Und als Beilage verzehrte man in Butter geschwenkte neue Kartoffeln. Das war schon eine kulinarische Köstlichkeit. In der neuzeitlichen Küche würde man dieses Gericht zweifellos der gefeierten »Nouvelle Cuisine« zuschlagen, wäre es erst heute erfunden worden. Man kennt auch noch die sächsischen »Quarkkeulchen«. Aber einesteils sind sie eine süße Speise und somit in der Nähe des sächsischen Kuchens angesiedelt, und andererseits beanspruchen auch andere Landstriche die Priorität für diese leckeren Keulchen aus Quark. Sonst ist kaum ein sächsisches Gericht weltweit bekannt.

Warum lohnt es doch, kulinarische Erzeugnisse, die in der ersten Hälfte des vorigen Jahrhunderts sächsische Tische bereicherten, wieder den Lesern vorzustellen? Ist es nur eine Referenz an Traditionspflege? Vor allem drei Gründe erscheinen erwähnenswert.

Territoriale Kochbücher sind zum einen eine Fundgrube für den, der Abwechslung für den Speisezettel sucht und den Reiz in Vergessenheit geratener kulinarischer Köstlichkeiten zu genießen weiß. Die erste Hälfte des vergangenen Jahrhunderts stellte zum anderen eine Blütezeit der »bürgerlichen Küche« dar, die in ihrer Ursprünglichkeit sich deutlich von der überzüchteten »höfischen« Küche, der feinen Küche, abhob und die Lebensmittel in ihrer Arteigenheit bestmöglich zubereitete. Nicht zuletzt war Sachsen in dieser – auch als Biedermeierzeit bezeichneten – Periode eines der ökonomisch und industriell fortgeschrittensten deutschen Länder, und das wirkte sich auf das Leben und die Eßkultur insgesamt positiv aus.

Wer über sächsische Küche schreibt, merkt sehr schnell, daß es genau genommen eine solche ebensowenig gibt wie eine französische, italienische oder bayrische Küche. Sie setzen sich immer aus sehr unterschiedlichen, den Eßgewohnheiten und dem Lebensmittelangebot ihrer verschiedenen Landstriche entspringenden Küchenspezialitäten zusammen.

So sind in der sächsischen Küche des Biedermeier die verschiedenartigen Eßgewohnheiten und Tischsitten aus fünf Hauptregionen zu erkennen:
- die Dresdner Küche mit ihrem typischen Einschlag der vornehmen Residenzstadt und des dort lebenden Bürgertums,
- die Leipziger Küche mit durch Handel und Wandel, traditionsreiche Messe und Fremdenverkehr geprägter Vielfalt,
- die erzgebirgische und vogtländische Küche mit den Spezialitäten, die den meist kargen Böden und den in der ersten Hälfte des 19. Jahrhunderts sehr bescheidenen Lebensverhältnissen entsprachen und in der sich sowohl böhmische wie thüringisch-fränkische Einflüsse zeigen,
- die Lausitzer Küche mit stark sorbischem Einschlag,
- die anhaltische Küche aus dem Raum Halle–Wittenberg–Magdeburg mit seiner ausgeprägten Landwirtschaft und dem reichen Angebot an Ackerfrüchten.

Henriette Saalbachs »Kleine sächsische Köchin« bringt uns die Dresdner Küche der Biedermeierzeit nahe. Der Nachdruck entspricht der Vorlage der 3., verbesserten und vermehrten Auflage von 1854. Henriette Saalbach erreichte nie den Bekanntheitsgrad von Henriette Davidis, der Autorin, die das »Man nehme …« erfand und in der Kochbuchliteratur unsterblich machte, oder von Sophie Wilhelmine Scheibler oder Mary Hahn, deren Bücher weithin bekannt waren. »Die kleine sächsische Köchin« war fast nur in ihrem Territorium verbreitet. Dort allerdings dürfte sie sich im vergangenen Jahrhundert großer Beliebtheit erfreut haben, denn bis 1882 erreichte sie immerhin 15 Auflagen – also genau das Buch, das man in der damaligen Küche benötigte und das den Vorstellungen der Hausfrauen und Köchinnen entsprach.

Über Henriette Saalbachs Lebensweg und Lebensumstände ist nichts weiter bekannt. Es kann jedoch mit Sicherheit angenommen werden, daß sie Köchin in bürgerlichen Haushalten war. Sie selbst betont bereits auf dem Titelblatt ihres Buches die langjährige Erfahrung im bürgerlichen Haushalt.

Dieser Hinweis auf eigene Praxis, gewissermaßen als Referenz für die Brauchbarkeit des vorgelegten Buches, ist typisch für Bücher dieser Zeit. Er findet sich auch in dem zweiten, für die vorliegende Publikation genutzten Titel, aus dem einige Rezepte und zeitgenössische Hinweise an die Köchin zur Komplettierung entnommen wurden. Es ist August Erdmann Lehmann's »Großes Kochbuch«, das in Dresden erstmals 1846 erschien und bis 1886 stattliche 20 Auflagen erreichte.

Zwei in der gleichen Periode, für den gleichen Leserkreis und am gleichen Ort erschienene Kochbücher bieten somit eine gute Möglichkeit, die Dresdner Küche der Biedermeierzeit den heutigen Leserinnen und Lesern nutzbar zu machen. Die regionale Orientierung entsprach der damaligen Kleinstaaterei. Für viele Landstriche und Gebiete erschienen deshalb spezielle Kochbücher. Das ist auch auf das territorial begrenzte Nahrungsmittelangebot und die noch stark regional geprägten Eßgewohnheiten zurückzuführen und ergab sich überdies aus den unterschiedlichen Maßen und Gewichten in den deutschen Gebieten und Ländern.

Sehr deutlich wird auch die Schwere der Küchenarbeit. Weder elektrisches Licht noch elektrische oder Gasheizung standen zur Verfügung, die heute bekannten und verbreiteten Konservierungsverfahren waren unbekannt; Kühlschränke gab es nicht, sondern es mußte auf Roheis, das nur begrenzt zur Verfügung stand, zurückgegriffen werden. Man benutzte Brunnenwasser, denn Wasserleitungen waren kaum verbreitet. Deshalb finden sich in diesen Kochbüchern vielfache Hinweise zur Behandlung des Wassers und zur Vorratspflege. Auch sind Erläuterungen zum Schlachten, speziell von Geflügel, zu finden, da die Tiere lebend gekauft wurden. Es oblag der Köchin, sie zu töten und zu bearbeiten.

Manche der Speisen aus der »Kleinen sächsischen Köchin«, wenn auch ein wenig anders zubereitet, sind heute noch bekannt. Andere wie Biersuppe mit Zimt, Hagebutten- oder Portulaksuppe, Wassermus, Petersilien-, Kümmel- oder Pflaumenmusbrühe, Gemüse von Pastinakwurzeln oder gar das Braten von Krammetsvögeln, Schnepfen, Drosseln, Zippen, Lerchen und Kiebitzen wirken auf uns doch etwas eigenartig. Singvögel zu verzehren war bis in die zweite Hälfte des vorigen Jahrhunderts auch in Sachsen üblich, deshalb ist in unserer wahlweisen Neuausgabe der Vollständigkeit halber ein Rezept angeführt, aber natürlich nicht zur Nachahmung gedacht.

»Die kleine sächsische Köchin« ist eine aufschlußreiche Lektüre, die sowohl zeitgeschichtlich Interessierten Einblick in das tägliche Leben, vor allem in Essen und Trinken im Dresdner Gebiet in der ersten Hälfte des vergangenen Jahrhunderts gewährt, aber zugleich all denen, die Abwechslung in den Speisezettel bringen wollen, auch heute noch manche Anregung für delikate Speisen geben kann.

Herbert Pilz

Worterklärungen

Borreizwiebeln	Porreezwiebeln
Capaun	kastrierter, gemästeter junger Hahn
Carbonade	regionale Bezeichnung für den ausgelösten Schweinekamm oder Schweinsrücken
Casserol	flacher gestielter oder zweiteiliger Topf mit Deckel zum Schmoren
Chalotten	Schalotte, kleiner Zwiebellauch
Coulis	eine dicke, meist helle Grundsoße unterschiedlicher Zubereitung
durchschlagen	durchseihen
Durchschlag	großporiges emailliertes Gefäß
Farce	feine Hackmasse
Fines herbes	frische Küchenkräuter
Glace	durch Reduktion von brauner Grundsoße bzw. Fleischbrühe gewonnene sirupartige Flüssigkeit, mit der das Fleisch bepinselt wird
Kanne	Hohlmaß; 1 Kanne = 1 l
Karbe	regionale Bezeichnung für Feld- oder Wiesenkümmel
Kardamonen	Kardamom
Krammetsvogel	verschiedene Arten von Drosseln, häufig nur für den Ziemer (Zimmer), d.h. die Wacholderdrossel; wegen ihres Wohlgeschmacks früher in Deutschland Hauptobjekt der Vogelstellerei; 1908 wurde hier der Fang verboten
Kröbs, Kriebs	regional für Kerngehäuse vom Kernobst (auch Krieps, Gröbs)
Küchenschiebe	großes Holzbrett

Loth	altes Handelsgewicht von 16 2/3 g
Mäßchen	altes Hohlmaß; in Sachsen 1,662 l
Metze	altes Trockenmaß; in Sachsen 6,499 l
Mund- oder Zeilensemmel	süßes Kuchenbrötchen
Muskatenblume	Macis (Samenhaut der Muskatnuß)
Neuegewürz, Neuewürze	Piment
Neugroschen	Münze im Wert von Pfennigen; ab 1840 in Sachsen 1 Taler = 30 Neugroschen zu je 10 Pfennig
Nösel	altes Flüssigkeitsmaß; in Sachsen 1 Nösel = 0,487 l
Obertasse	Tasse
passiren	hier: in Fett kräftig schmoren
Pfefferkraut	Bohnenkraut
Pfund	altes Gewicht zwischen 400 und 500 g; das Zollpfund zu 500 g hatte in Sachsen 30 Loth
Pökling	Bückling
Pommeranzen	bittere Frucht des Pomeranzenbaumes, ein naher Verwandter des Apfelsinen- und Zitronenbaumes
Portulak	Gewürzkraut
Provenceröl	besonders wertvolles Olivenöl
Rahm, Rohm	ungesüßte, ungeschlagene Sahne
Rhapüntchen	Rapünzchen, Feldsalat
Schöpsenfleisch	Hammelfleisch
Schock	altes Mengenmaß; 60 Stück
Schweinscarré	Rippenstück vom Schwein
schwengen	regional für schwenken
Tille	Dill
welchern	kneten oder ausrollen